Nouvelles aventures… vers toujours plus d'humanité

DU MEME AUTEUR :

Aïna l'Aventurière Fantastique :
1. *A Travers les Mondes*
2. *Retour aux Sources*
3. *Impératrice d'Anarïeni*
4. *Plusieurs vies*
5. *Les Chroniques de Brace*

https://ainalaventuriere.wordpress.com/

Retrouvez les aventures d'Elodie et celles de son héroïne Aïna sur la page Facebook Aïna l'Aventurière Fantastique

Elodie Lafay

Nouvelles aventures… vers toujours plus d'humanité

Le récit de mon séjour au Népal puis en Inde en mai 2016

ou

Les péripéties du Lapin de l'Himalaya*

* « Les péripéties du Lapin de l'Himalaya » est une idée de titre donnée par Robin, un membre de notre groupe de participants au marathon de l'Everest réalisant en plus l'ascension de l'Island Peak (« la Team Island Peak »).

© 2017 Lafay Elodie
Photos d'Elodie Lafay, © 2016

Editeur : Books on Demand GmbH, 12/14 rond point des Champs Elysées, 75008 Paris, France
Impression : Books on Demand GmbH, Norderstedt, Allemagne

ISBN : 9782322137602
Dépôt légal : février 2017

Je remercie et dédie ce roman à toutes les personnes qui ont choisi de m'aider via mes collectes sur Sponsorise.me et grâce à qui j'ai pu entreprendre ce voyage humain, solidaire et plein d'aventure : **Gigi13, Jonathandugue90, Bastiane_Bruand, Nicole_Amez_Droz, Elo_Sophanie, PoandCo, Nepal2016, Thierry_Legendre, Lafay-2, PauleB, Agnesduchange, Violette_Corona, Philippe_guelpa_bonaro, Lemeudec, Henaff, DidRn, FlorentLG, Frederic Ibanez, Celeste, Laurence_boutersky, Nicolas_rigault, Xela, Goremathilde, Milena-5, Jdemiguel, Stephanieschmitt9085, Alpenrunner2, Thebaultjy, Deyvidpi, Marieline06, Isabelleanton18, Emilien79, Stephanegournay9, Galou73, Liliane, Cedricsan, Montalnorm, Jagerrunner, Myriamardenghi, Capucine06, Pacaloudelyon, Karinelaffont1, Tazo, Ragnotti406, Jpimage, Benoitv, Massambambaye7, Flodescamps, Fixou81, Objectifdunes, Danielle, Fab06-3, Nadinelafay et Emilien-5** *; et hors collectes,* **des amis et membres de ma famille.**

Je remercie aussi les sociétés qui m'ont sponsorisée via une participation financière ou en nature : **Fresh Food Village** *qui distribue les produits de la marque* **Clif Bar** *en France, le* **Garage Ghetti** *à Roquebillière,* **Gourmie's** *(barres énergétiques), la* **Société Lantosquoise de Bâtiment et de Travaux Publics**, *l'association de commerçants* **Quai Sud** *à Golfe-Juan,* **Yogi Tea** *(infusions),* **9bar** *(barres énergétiques),* **Salomon** *(vêtements et équipements sportifs) et le magasin* **Intersport de La Plagne.**

Je remercie également mon club de trail le **Vésubie Trail Club** *qui m'a suivie et soutenue dans ce beau projet.*

Merci aux médias ayant parlé de mon projet : les magazines et journaux **Running Attitude, La Tarentaise Hebdo, Nice Matin** *et* **Jogging International**, *et les sites Internet* **Track & News, Trail & Run** *et le blog de* **Chantaki.**

Je remercie et dédie également ce livre à ma famille et mes amis qui m'ont aidée et soutenue, et à qui j'ai beaucoup pensé pendant mon voyage. En particulier à mon chéri d'amour qui a été avec moi tout le long en pensées !

Je remercie fortement mes compagnons de voyage : l'équipe d'organisation du Marathon de l'Everest, en particulier notre guide Kunga Sherpa, et Pemba Sherpa qui nous a amenés au sommet de l'Island Peak ; la Team Island Peak du Marathon de l'Everest, et encore plus Fabrice qui a été partant pour retenter l'ascension ; à ma famille tibétaine, Tashi Choedon, sa maman, son oncle, sa tante, son grand-père, sa petite sœur, qui m'ont si bien accueillie lors de ma visite ; et à tous les autres que j'ai croisés sur mon chemin à travers le Népal et l'Inde.

Enfin, merci à Assistance Médicale Toit du Monde pour tout ce qu'elle fait pour aider les Népalais et les Indiens dans le besoin, et pour m'avoir permis de visiter une des écoles qu'elle soutient à Katmandou. Merci beaucoup, surtout, aux personnes ayant fait des dons à l'association à l'occasion de ma participation au marathon de l'Everest.

Prologue

C'est reparti pour l'aventure !

> *Qui mieux que le chemin connaît le voyageur ?*
> **Proverbe tibétain**

Dimanche 8 mai 2016   17h   *Aéroport d'Istanbul*

« C'est reparti pour l'aventure ! »

Ça c'est une phrase qui en jette pour un début de livre. Celui-ci est la suite directe de mon premier récit de voyage, « J'aime me perdre n'importe où dans le Monde » (paru en 2014). Je vous préviens : sans avoir lu ce dernier, vous n'allez peut-être pas tout comprendre.

Il se terminait – souvenez-vous – par l'aveu de ma très forte envie de retourner au Népal, pour par exemple (parmi tout ce que je veux faire au Népal), gravir l'Island Peak ou participer au Marathon de l'Everest.

Eh bien me voilà en partance pour faire les deux ! Et bien plus encore !

Car cette fois je voulais que mon voyage ne soit pas que égoïste.

J'ai décidé d'aider une association qui agit sur place. Mon idée* était de mettre en place une collecte pour elle via le site Internet Alvarum, à l'occasion de ma participation au marathon. Ce site est fait pour : on choisit une association à aider, on choisit un événement (épreuve sportive le plus souvent), et on lance la collecte. L'objectif est donc de récolter des dons, mais aussi de faire connaître l'association en parlant d'elle en même temps qu'on parle de notre projet sportif. Pour moi, c'était aussi l'occasion de chercher des sponsors qui m'aideraient à payer mon projet *sportif et solidaire*. J'ai d'ailleurs lancé d'autres collectes, sur Sponsorise.me, pour payer mon inscription au Marathon de l'Everest avec Ascension de l'Island Peak (formule tout compris proposée par les organisateurs de l'événement) et le billet d'avion.

Tout ceci a représenté des heures et des heures de boulot : lancer les collectes, trouver des potentiels sponsors, monter des dossiers, faire des demandes, envoyer des mails, relancer les demandes, partager sur les réseaux sociaux, créer un blog et une page Facebook, créer des articles, mettre au courant mes soutiens de l'avancée du projet, etc., etc.

---

* Voir mon blog pour tout savoir de la mise en place du projet :
https://everestmarathonelodie.wordpress.com/

Ce très grand projet a bien sûr débuté par la recherche d'une association à aider. Je voulais aider SolHimal, l'association avec laquelle je parraine depuis des années (depuis 2008 je crois) Tashi Choedon, Tibétaine réfugiée en Inde avec sa famille. L'association agit aussi au Népal. Mais elle n'était pas inscrite sur Alvarum (l'inscription étant payante pour les associations) et un peu trop débordée pour superviser ma collecte.

J'ai alors trouvé Assistance Médicale Toit du Monde* (AMTM), une association qui agit également en Inde et au Népal. Elle met aussi en place des parrainages et des projets de travaux (de construction d'écoles, d'orphelinats et autres, et d'accès à l'eau ou à l'électricité). Mais l'association agit aussi sur le plan médical, avec des distributions de kits d'hygiène, des visites médicales, la supervision de médecins sur place, etc. Bref, que des beaux projets qui m'ont beaucoup plu. Surtout, AMTM était vraiment enthousiaste à ma proposition et m'a bien aidée à mettre en place mon projet. J'ai donc adhéré à l'association et lancé ma collecte pour elle.

C'était décidé, j'allais courir mon marathon de l'Everest pour AMTM, pour les enfants de l'Himalaya qu'elle aide.

Et j'ai décidé, quitte à partir au Népal, de faire durer le séjour, de profiter de Katmandou, de faire un pèlerinage bouddhiste débutant au Népal et se terminant en Inde, et d'aller voir dans ce second pays que j'aime tant Tashi Choedon, que je voulais voir pendant mon Tour du Monde mais dont je n'avais vu que la famille (car elle était dans son école dont je ne connaissais à l'époque pas l'adresse et qui se trouve loin de Delhi).

Ça, c'était ce que je voulais faire en mai 2015. Mais deux semaines avant mon départ, il y a eu le premier séisme. Il m'a démolie. Pas seulement parce qu'il annulait mon voyage, mais aussi parce qu'il détruisait mon pays adoré, qu'il touchait des personnes que je connaissais. Kesh, Diké, Nima et les autres Népalais avec qui j'ai gardé contact après mes premiers séjours au Népal, et pour lesquels j'ai été terriblement inquiète. Tous ont survécu heureusement.

Et mon projet, j'ai pu le reporter à cette année 2016. Avec un nouvel objectif, le nouveau d'AMTM : aider le Népal à se reconstruire. Il me fallait d'autant plus mener mon projet au bout !

Quand on va au Népal, on est touchés par la gentillesse des Népalais. Leur pays et eux ont tant à donner que je pense que tout voyageur y retournant encore et encore finit forcément par vouloir donner en retour. Comme Michel Pellé qui y a adopté une famille. Comme Mathieu Ricard qui y a fondé une association. Comme Henri Sigayret qui aide des enfants sur place. Comme beaucoup d'autres.

---

* http://amtm.org

Les besoins ne manquent pas dans ce pays, même si la population y est heureuse. Si les Népalais ne se plaignent pas, ne réclament rien, ils reçoivent l'aide – qu'ils méritent ! – avec bon cœur.

Ils sont un exemple à suivre. Souriants, patients, simples, ouverts,… Tout le monde devrait aller un jour au Népal !

Pour moi, ce sera la troisième fois.

Demain matin, je retrouverai ce pays que j'aime tant.

En attendant, et comme j'ai encore trois heures à tuer dans cet aéroport d'Istanbul où je suis en transit, je mange des loukoums (miam !), je lis, et je fais le point sur ma vie.

Qu'est-ce qui a changé depuis ma dernière venue au Népal ? J'essaie de me souvenir de ce que j'avais écrit alors, il y a deux ans et demi. Je venais de démissionner de mon poste de psychologue à Cannes, pour ne faire que du libéral. Aujourd'hui c'est ce que je fais, mais à Nice. Comme ce travail – que j'adore ! – ne me suffit pas pour vivre, je fais à côté des petits boulots, principalement du baby-sitting, mais aussi quelques animations commerciales. Même si cette façon de vivre me plaît, j'aimerais à long terme abandonner ces jobs secondaires, et devenir naturopathe en plus de psychologue.

Concernant mon lieu d'habitat, j'ai déménagé deux fois depuis que je suis sur la Côte d'Azur ! J'ai migré de Cannes à Golfe-Juan (pas bien loin donc, mais pour moins cher), puis j'ai simplement changé d'appartement à Golfe-Juan… pour m'installer avec mon chéri !

Eh oui je suis en couple ! C'est le plus grand changement dans ma vie, je crois. Le plus beau aussi. J'ai trouvé l'homme de ma vie, mon âme sœur, la personne qui me rend heureuse, qui me comprend, qui m'aime, avec qui je me sens si bien… Et – pour en revenir au déménagement – avec qui je vais encore migrer.

Rappelez-vous. Pendant mon Tour du Monde, c'était un dilemme : vivrai-je à la mer ou à la montagne ? Que préférai-je ? J'avais conclu : la montagne ! Et j'ai fini à la mer ! (J'ai même trouvé un chéri breton !). J'en suis toute heureuse. Mais – et puisque je peux toujours garder la mer puisque je travaille à même pas un kilomètre d'elle – je vais retourner à la montagne ! Pas dans ma natale Tarentaise, mais dans ma vallée d'adoption : la Vésubie. Celle où se trouve une de mes tantes, et mon club de trail.

Arrière-pays niçois, à moi !

Ciao monde superficiel de la French Riviera, et bonjour monde simple, fait de gentillesse et de bonne humeur montagnarde.

Une nouvelle histoire à suivre.

Mais commençons par celle qui me mènera dans l'Himalaya…

Partie 1

Challenges pour une association

Chapitre 1 : Retour à Katmandou

Le voyage est un retour vers l'essentiel.
Proverbe tibétain

Lundi 9 mai   13h34   *Bodnath, Schechen Guesthouse, ch. 201*

J'y suis ! J'ai encore du mal à réaliser.

Si, pendant la dernière heure de vol, j'étais un peu ronchonne, car fatiguée et déçue que Turkish Airline ne nous serve pas de petit déjeuner, dès que nous avons débuté l'atterrissage mon moral est monté à son point le plus haut. J'étais surexcitée !

Je suis sortie presque la première de l'avion. Tout est alors allé vite. Vu l'heure matinale, il n'y avait aucune queue à la demande de visa (quelle bonne surprise !). J'ai pu sans problème échanger de l'argent et récupérer mon sac. J'ai alors pris un taxi que je n'ai pas réussi à marchander (je n'ai pas encore repris le coup).

Direction Bodnath.

En route, j'ai replongé dans l'ambiance de Katmandou. Même si la circulation était fluide, à cette heure il y avait déjà pas mal de monde qui s'affairait.

Des saris, des vaches, un singe, des fils électriques emmêlés, des klaxons, des bazars, de la poussière. Peu de ruines dues aux séismes, mais un champ de tentes, assez grandes mais rudimentaires, dont je n'avais pas le souvenir.

Et m'y voici, devant le Stūpa de Bodnath. Un de mes lieux préférés au monde ! Hélas, le Stūpa a fortement souffert, lui. Mais voir tous les Népalais qui s'affairent à le reconstruire redonne du baume au cœur.

Je commence par chercher le Schechen Guesthouse. Mais j'ai faim et mes sacs sont lourds. Je regarde l'heure : 7h30 !

Je m'arrête prendre un petit déjeuner dans un petit restaurant tenu par des Népalais sympathiques. Je suis heureuse de voir que ce peuple n'a pas perdu son légendaire sourire.

Après un porridge aux bananes et un thé, je repars trouver ma guesthouse, réservée pour une nuit et qui hélas ne pourra pas m'accepter plus longtemps. J'y parviens assez facilement, mais après m'être rendu compte qu'il me fallait prendre une rue qui se trouvait à ma droite lorsque j'étais en face du Stūpa. Donc j'ai été obligée d'en faire le tour, bien sûr* ! Avec mon sac archi lourd !

---

* Car il faut toujours contourner un Stūpa dans le sens des aiguilles d'une montre.

Le Monastère de Schechen est magnifique même si lui aussi est en travaux.

A la guesthouse (tenue par les moines), je ne peux pour l'instant que poser mes valises. Ma chambre n'est pas prête. Je repars donc au Stūpa.

J'enchaîne les tours : un pour les photos, un pour tourner les moulins à prière et réciter le mantra Om Mani Padmé Hum, et ~~un~~, ~~deux~~, trois (plus ? Je ne sais plus) pour du shopping.

Eh oui, déjà ! Mais j'ai tant à acheter ! Pas pour moi, mais pour mes proches et mes bienfaiteurs. Je vais avoir pas moins de soixante cartes à écrire ! A ma famille et aux personnes (dont vous peut-être) qui ont choisi de m'aider à concrétiser ce projet de voyage au profit de l'Association Assistance Médicale Toit du Monde.

Je préviens d'ailleurs les personnes de l'association présentes à Katmandou de mon arrivée, par mail, en utilisant le Wifi d'un restaurant perché, avec vue incroyable sur le Stūpa (mais où les boissons sont chères, hélas ; le jus de papaye est à plus de 2€ !). Je donne aussi de mes nouvelles à mes proches via WhatsApp et à tout le monde via Facebook.

Deux derniers tours du Stūpa dont un en tournant les moulins, et je retourne m'installer à la guesthouse.

Ma chambre est sympathique. Je viens d'y faire une bonne sieste. Avant de retourner sur la place, je vous raconte une première anecdote.

Ce matin, quand j'étais au restaurant pour mon petit déjeuner, quelqu'un est venu lire les lignes de mes mains et réaliser d'autres analyses mystiques du même genre. Je n'ai rien compris aux résultats que celles-ci ont donnés. Car cette personne ne parlait pas bien anglais*. Car cette personne était… russe !

Entre ça et un jeune homme logeant dans la même guesthouse que moi qui m'a dit rester plusieurs semaines à Bodnath, sans profiter d'être au Népal pour aller à la montagne, j'avais l'impression d'être dans un autre Katmandou ! Celui qui avait attiré les hippies avant les alpinistes !

Mais ici je retrouve une partie de moi (bouddhiste, pas hippie !).

Mardi 10 mai   9h33   *Bodnath, place du Stūpa*

Aujourd'hui j'entame mon premier tour du Stūpa plus tard qu'hier alors que je loge à une centaine de mètres !

---

* Moi j'avoue que j'ai du mal à m'y remettre. Heureusement que je reste à Katmandou pour m'exercer avant le trekking, durant lequel il me faudra quand même comprendre et me faire comprendre en anglais, les organisateurs étant népalais et les participants venant de partout !

J'ai vraiment bien dormi cette nuit. J'ai comaté, même. Je me suis couchée vers 20h et ne me suis levée (après un premier réveil à 23h à cause de la lumière de la salle de bain – qui s'est arrêtée hier soir quand je me douchais – qui s'est soudainement rallumée) qu'à 7h30. J'ai presque fait le tour de l'horloge ! Mais je n'avais presque pas dormi la nuit précédente dans l'avion.

J'ai petit-déjeuné dans le jardin de la guesthouse (petit déjeuner compris dans le prix de ma nuit – qui pour info est d'environ 7€), face au magnifique monastère. Le cadre est incroyablement joli !

Hier soir j'ai retrouvé le QG de nos groupes de trekkeurs (aussi bien celui de 2011 que de 2013) : le Garden Kitchen. Les momos sont encore meilleurs que dans mes souvenirs ! Mais il manquait mes amis trekkeurs, et surtout mes parents. Si je suis contente d'être seule ici, pour profiter de tourner autour du Stūpa et de rester des heures sur la place à ressentir la plénitude du lieu, je suis plus dérangée par la solitude pour d'autres activités, comme manger au restaurant ou faire du shopping.

Je parle beaucoup de mes tours de Stūpa. Car ce voyage ne sera pas que l'occasion de faire du trekking, de l'alpinisme et du trail. J'entame aussi un pèlerinage bouddhiste.

Il est difficile dans notre monde occidental, si matérialiste (surtout où je vis) et pressé, d'être une bonne bouddhiste : de prendre le temps de méditer, de suivre le Dharma. On se fait embarquer dans le quotidien, et il faut faire des efforts pour se rappeler nos valeurs et qui nous sommes.

Faire le tour du Stūpa me permet de me recentrer sur moi et sur ma place dans le monde. De me souvenir que rien n'est plus important que le bonheur de tous. C'est la première étape me ramenant sur la voie qu'a ouverte Siddharta, Bouddha Sakyamuni.

Même si j'avoue qu'il m'est parfois difficile de me concentrer, tant que je suis envahie par les pensées en rapport avec ce que j'ai envie de faire ici.

L'inaction me fait toujours si peur…

Mercredi 11 mai   Même heure   *Même endroit*

C'est déjà mon troisième jour au Népal. Lundi j'avais trouvé que la journée était passée lentement. Car elle avait débuté très tôt et parce que j'étais vraiment fatiguée. Mais hier le temps a défilé à toute allure.

J'ai trouvé très facilement une nouvelle guesthouse, à trois pas de Schechen : la Dragon Guesthouse. Charmante. Il n'y avait pas de single room libre, donc j'en ai eu une double (pourtant petite) à 800 roupies la nuit (vs 1000 à Schechen, mais là sans petit déjeuner). Mais je vais normalement pouvoir changer toute à l'heure pour une simple à 600 roupies. Que de déménagements ! A l'image de ma vie...

Donc après celui d'hier (de déménagement), je suis partie à Thamel. En bus bien sûr ! Enfin minibus. Pour locaux.

A peine sortie de l'enceinte du Stūpa que je trouve où passent les bus, et le deuxième chauffeur à qui je demande s'il va à Thamel répond « oui ». Waouh ! Facile.

Trop facile. Je me méfie.

Au bout d'environ trente minutes à travers les rues, le bordel et les klaxons de Kat', on me dit de descendre. J'obéis mais je ne reconnais pas l'endroit. On me demande 100 roupies, ce que je trouve cher. Plus de la moitié du prix du bus en France ! En plus j'ai bien vu que personne d'autre dans ce minibus n'a payé ce prix*. Enfin, en taxi, cela m'aurait coûté cinq fois plus cher. Et puis j'ai économisé le retour...

Donc ça y'est, voici mon premier paumage. J'ai beau tourner je ne trouve pas Thamel. Et puis, finalement, en étudiant mon plan, en marchant pas mal, je finis par y arriver !

Je commence tout de suite par la chose la plus importante à faire à Thamel : acheter une doudoune ! J'en trouve une à 15€ ! Flockée « North Face ». Super belle ! A ce prix, je ne négocie même pas. Mon chéri qui n'a pas de doudoune sera sûrement content. Moi je le suis trop ! Cette trouvaille à peine arrivée me gonfle à bloc (le souci c'est que je dois me la trimballer toute la journée !).

Je me mets ensuite à la recherche d'un restaurant. Car j'ai faim, il est presque 13h (déjà !) et il pleut. Je trouve un tout petit resto, Newa Momo, hyper cheap. Parfait. Je prends un Tupka sans trop me rappeler ce que c'est, et qui se révèle être un mélange de nouilles et de soupe aux légumes, trop bon ! Et, vu le nom du boui-boui, je me dois de manger des momos. Je les prends en dessert, au chocolat-banane. Un régal !

Quand je sors, la pluie ne tombe plus, et le shopping reprend. Encore des cartes. Du beurre de cacahuète. Six flacons (deux pour ma sœur, deux pour ma mère et deux pour moi) de sancho**. Du thé. Un calendrier des plus hauts sommets du monde.

Et je marche. Et je tourne. Et je regarde. Et je vois des décombres et des constructions. On voit qu'il y a eu des dégâts un an plus tôt ici.

Je retrouve Ratna Park, près de l'endroit où m'a laissée le bus, et en cherche un pour rentrer.

---

* Bien sûr j'étais la seule touriste.
** Mélange d'huiles essentielles, qui, pris en inhalation, est le meilleur remède pour guérir d'un rhume.

Je me renseigne auprès d'une dame qui se renseigne auprès d'un gars (qui deux minutes plus tôt m'a parlé... en me prenant pour une Népalaise !). Là ça devient folklo. Je montre ma carte au gars. Nous parlons en anglais, mais en traduisant cela donne à peu près ça :

— Donc vous voulez aller ici, dit-il en me montrant sur la carte. Et nous sommes ici. C'est ça ?
— Oui.
— Donc c'est ici que vous voulez aller. Vous me suivez ?
— Oui, toujours.
— Donc nous sommes ici. La route pour y aller passe là et là, pour arriver ici. Vous me suivez ?
— Oui.
— Donc vous ne voulez pas aller à Swayambunath, on est d'accord ?
— Oui.
— Donc vous cherchez un moyen d'aller là.
— Oui.

« En fait il n'en sait rien du tout » me dis-je. Mais tout en regardant son doigt tracer le trajet, j'évalue les distances. Par rapport à mes tours dans Thamel. Par rapport au trajet que j'avais fait à pied quatre ans et demi plus tôt pour rentrer chez Kesh depuis Thamel. « Ça peut se faire », en conclus-je.

— Bon, donc la direction, c'est celle-là ? demandé-je en montrant une rue.
— Oui.
— Merci.

Et je me barre.

Et je rentre, jusqu'à la Dragon Guesthouse, en partie sous la pluie, à pied ! En une heure trente environ.

Je peux vous dire que je me suis couchée tôt hier soir.

Jeudi 12 mai   **8h45**   *Pashupatinath Gate, à l'abri*

Il pleut.

Hier il a fait beau et je n'ai pas bougé. Avant-hier il a plu et, comme aujourd'hui, j'ai choisi de me balader. Je fais tout à l'envers !

En attendant une accalmie, j'écris.

Hier, donc, a été une journée tranquille. Je suis restée pas mal de temps au Stūpa. Je suis contente car je me suis remise à écrire Aïna !

Ce matin je suis retournée petit-déjeuner au Friendship Laamian Restaurant, comme lundi en arrivant. Le porridge était hyper liquide et le café dégueu. Mais les portions étaient généreuses (et j'avais faim !) et les gérants gentils (je n'y retournerai pas une troisième fois pour autant).

Hier j'avais pris un café à ma guesthouse, que j'avais accompagné de deux petits pains achetés la veille et tartinés de mon beurre de cacahuète. Et le midi j'avais mangé des momos à ma guesthouse, aux pommes de terre, succulents.

Donc ce matin je suis partie à Pashupatinath. A pied. Tout me paraît accessible à pied à présent, à Kat'. J'ai trouvé une route en terre avec pratiquement aucune voiture, ce qui est appréciable ! Je me suis retrouvée dans des petits quartiers calmes où j'ai pu observer la vie népalaise. C'est bien, en fait, de se déplacer ainsi. On voit tellement plus de choses. Et je ne me suis même pas perdue (si, si, je vous jure !).

Bon, la pluie se calme. Allons voir ça de plus près.

11h50 *Dragon Guesthouse*

Depuis que je suis rentrée il ne pleut plus. Bien sûr. Je suis arrivée trempée. Mais c'était trop chouette.

J'ai fait ma Elodie. Plus radine que moi y'a pas. Pour visiter Pashupatinath j'ai fait le tour du site afin de trouver une entrée sans payer. Ce n'était que 8,50€, donc pas grand-chose. Mais après mes premiers achats j'ai analysé mes comptes et la conclusion a été que si je veux des sous pour le trekking (souvenirs, Internet, etc.) et pour mon retour à Kat', je ne dois pas, d'ici dimanche, dépenser par jour plus du quart de ce que j'ai déjà dépensé le premier jour !

J'ai réussi à entrer sans payer, bien sûr.

J'ai vu les temples, des crémations. Pashupatinath est un site hindouiste, dédié au maître des créatures, Pashupati, très ancienne forme de Shiva. Il est surtout utilisé pour les crémations sur les berges de la rivière Bagmati qui le traverse.

Ce lieu n'a pas été touché par les séismes. Je l'ai trouvé très intense, au niveau spirituel. On ressent une forte ferveur hindouiste. Il est aussi très beau, surtout sur les hauteurs, en montant des escaliers au-dessus de la rivière qui mènent à d'autres temples vraiment magnifiques.

En descendant par l'autre côté, je me suis retrouvée (à un autre temple, où il était écrit « only for hindu » mais où je suis passée quand même) au départ d'une autre route menant à Bodnath. J'y suis rentrée sans me perdre ! En rejoignant la route principale, je me suis demandé « bon, le Stūpa est-il maintenant à droite ou à gauche ? ». Il était juste en face !

Fini les égarements !

Mm… C'est trop bizarre, ça ne me ressemble pas…

13h37   *Chambre 708*

J'ai une bonne nouvelle : j'ai eu la personne d'Assistance Médicale Toit du Monde vivant à Katmandou au téléphone (très précisément par WhatsApp ; trop pratique cette application !). Demain je vais pouvoir visiter une école gérée par l'association.

J'ai aussi une mauvaise nouvelle. J'ai reçu un email de la responsable des parrainages à Delhi. Je pensais que je pourrai voir Tashi Choedon, la Tibétaine que je parraine, à Majnu-Ka-Tilla (quartier tibétain à Delhi). Je m'étais basée sur ses vacances de l'an dernier (puisque je devais venir l'an dernier), mais j'ai demandé confirmation sur les dates de ses vacances cette année. Et la responsable m'a confirmé… que ses vacances étaient plus tôt, cette année ! Elle sera à l'école à Mussoorie quand j'ai prévu d'être à Delhi.

Me voici donc en pleine étude de changement de plan.

19h   *Hapiness Vegetarian Restaurant, face au Stūpa*

Rien à faire, mais je suis tellement bien, là.

Il ne manque que les yeux de Bouddha, qui n'ont pas encore été retracés sur le Stūpa.

A propos de ma note précédente, à propos de ma filleule, je dirais que cela peut s'arranger. La suite au prochain épisode.

C'est mon quatrième jour sans alcool. Je tiens bon*.

Je viens de manger un vegetable tahu. Je ne connaissais pas. Ce n'était pas cher et m'interpellait. On m'a servi ça avec des baguettes ! J'ai essayé dix minutes avant d'abandonner pour la cuillère. Autant j'arrivais à choper les épinards, autant les grosses pâtes plates glissaient entre les bâtons que je tenais maladroitement. Mais le tout, légèrement épicé et cette fois encore servi dans un bouillon, était très bon.

Le jour tombe à présent. Les gens circonvoluent. La musique tibétaine retentit. Et moi j'admire.

Vendredi 13 mai   12h19   *Hôtel Shanker, chambre 416, devant des clips indiens à la télé*

Je viens de faire le tour de l'hôtel, pensant que cela m'occuperait en attendant 14h, heure de mon rendez-vous avec la personne d'AMTM. Je m'attendais à être impressionnée comme au Hyatt. Mais l'hôtel de luxe – à

---

* Non, je ne suis pas alcoolique. Plutôt bonne vivante^^. Mais je ne veux pas boire avant le Marathon de l'Everest. Je ne vais pas picoler seule de toute façon. Et pour l'instant ni la bière ni le vin ne me manquent.

la base déjà moins beau – a été fortement touché par les séismes et n'est qu'en partie ouvert. Donc sa visite a été rapide.

Me voici donc prise en charge par l'équipe du marathon. Samit, que j'avais contacté par WhatsApp après avoir eu son numéro par l'organisation, est venu me chercher directement à la Dragon Guesthouse tout à l'heure et m'a amenée ici. J'ai appris qu'on sera neuf à grimper l'Island Peak, dont trois femmes. J'ai déjà croisé en arrivant ma coupine de chambre, une Israélienne qui a l'air très sympa.

Demain nous aurons un briefing. En attendant nous sommes libres. Tout se goupille bien.

Ce matin j'ai fait mes derniers tours du Stūpa, après un petit déjeuner à la guesthouse. J'ai pris le Dragon Pancake, une tuerie ! Un gros pancake avec des bananes dedans, du yaourt et miel dessus, et des fruits à côté. Je me suis régalée ! Demain nous verrons si le petit déjeuner de l'hôtel égale celui du Hyatt.

12h30   *Devant la piscine*

Au moins cet hôtel a lui aussi une piscine ! Au milieu d'un très beau jardin.

Mais je n'en profiterai pas maintenant. Il pleuviote.

19h20   *Chambre 416*

Soudain le soleil apparut. Vite, je me précipitai dans ma chambre pour mettre mon maillot de bain. A ce moment, je reçus une notification sur mon portable. Dawa Lhamo m'attendait à la réception. Tant pis, la piscine attendrait.

J'ai donc rejoint cette Népalaise originaire du Dolpo et vivant maintenant dans l'école que nous avons visitée, école qu'elle a elle-même fréquentée et où elle aide actuellement les enfants, travaillant en collaboration avec AMTM.

Rien à voir, mais l'Israélienne, Tal, n'arrête pas de manger des sucreries. Elle m'en propose aussi. Elle rigole tout le temps et a une trousse de maquillage plus grande que ma trousse de toilette. Elle n'arrête pas de se changer et se refaire une beauté. Elle me fait trop rire.

Nous avons emprunté un taxi et pris au passage Eric, un Français vivant une partie de l'année à Katmandou pour superviser les sites aidés par AMTM. Puis nous sommes allés visiter l'école. J'ai pu poser des questions et j'ai vu toutes les classes et tous les enfants. Ils sont cent cinquante cinq, tous issus du Dolpo (régions reculées du Népal), de familles pauvres. Ils sont internes ici et ne peuvent pas revoir leur famille pendant des années ! Ils ont entre 2 et 20 ans. Après, ils peuvent rester loger dans l'école et poursuivre leurs études à Katmandou. C'est AMTM qui finance l'école, payant les instituteurs, la nourriture, etc.

L'école a été touchée par les séismes. Leur « réfectoire », pour manger, est à peine abrité et il n'y a pas de cuisine. Ils la font au feu de bois dehors ! Le directeur a pour projet de faire construire une plus grande école près de Bodnath. J'espère que l'argent que je collecte pour l'association l'aidera à réaliser ce projet.

Cette visite a été courte mais très enrichissante. Passer de classe en classe, où les enfants me saluaient, était trop chouette. Je leur ai laissé quelques vêtements ramenés de France (donc beaucoup de tee-shirts reçus sur des courses).

De retour à l'hôtel, je suis allée directement à la piscine. Il faisait beau et assez chaud. J'y ai trouvé Fabrice, un traileur vivant à Villeneuve-Loubet (donc pas loin de chez moi) et dont j'ai fait la connaissance il y a peu de temps sur les trails (et parce qu'il m'avait contactée, voyant que j'allais participer au marathon de l'Everest). Soit dit en passant, il est super fort en trail.

Après trempette et bronzette, nous avons retrouvé Robin, Franck, Tal et les organisateurs du marathon pour un premier briefing. Là j'ai stressé car je n'ai pas compris la moitié de ce qui a été expliqué (en anglais). Enfin, j'ai l'impression que ça a été beaucoup de blabla. Tout devrait bien se passer. Quand je vois que je suis une des seuls à avoir déjà fait de l'alpinisme, à avoir déjà fait du trekking dans le Khumbu... Pas besoin d'explications ! (Je sens qu'il va m'arriver des tuiles !).

Actuellement je suis à nouveau devant des clips indiens à la télé. J'ai déjà fait mon sac. Nous avons déjà reçu nos sacs de trekking, notre dossard, un tee-shirt et une chemise. Cool ! Ça va être bon, je le sens ! Pendant ce temps, les autres sont avec les organisateurs dans un bar où des copains à eux font un concert.

J'aurais sans doute dû y aller. M'amuser, m'intégrer, profiter. J'ai peur de me mettre à l'écart, entre ça, mon anglais limité et mon absence demain au tour guidé qui nous est proposé, mais qui passe par Bodnath et Pashupatinath, tout ce que je connais déjà. J'irai plutôt à Swayambunath, tourner quelques moulins à prière. Car je suis ici surtout pour redevenir une parfaite bouddhiste. Pas pour faire la touriste de base.

Et pour ce soir, j'avais peur de dépenser de l'argent (et de me fatiguer – il faut que je sois au top pour le marathon !). Déjà que ce matin j'ai fait un extra : j'ai acheté un moulin à prière portable ! Pour réciter mon mantra. Tiens, je vais m'y mettre de suite. Devant mes clips indiens^^.

Punaise Tal a même amené du vernis à ongles !

Samedi 14 mai   10h40   *Swayambunath*

J'ai plutôt mal dormi cette nuit. Sans doute à cause du stress et de l'excitation déclenchés par le début de l'aventure. Je ne me sens pourtant pas spécialement stressée. Peut-être aussi à cause de tout le sucre ingurgité hier. Après mon pancake du matin, je n'ai mangé que des biscuits le reste de la journée, avec un peu de beurre de cacahuète et de chocolat (ramené de France). Je crains !

Ce matin par contre, j'ai bien mangé (toujours sucré, cela dit). Le petit déjeuner est à la hauteur de celui du Hyatt. J'ai quand même fait attention à ne pas trop manger. J'en ai une mauvaise expérience. En 2011, je m'étais goinfrée au Hyatt et je n'avais ensuite rien mangé avant le soir. Juste avant le dîner, j'étais tombée dans les pommes sous la douche du spa de l'hôtel (après un sauna).

Donc ce matin je me suis contentée de *trop* manger.

Au réfectoire (immense !) de l'hôtel, j'ai vu Samit, qui a pu me donner quelques indications supplémentaires sur le trekking, ce qui m'a rassurée.

Ensuite, je suis partie à pied à travers Thamel. Je l'ai juste traversé pour venir ici. Enfin presque, j'avais quand même quelques missions à accomplir : acheter peigne (je pensais en chourer à l'hôtel mais il n'y en avait pas), shampoing (le mien s'est renversé pendant le vol ; c'était la mauvaise surprise en arrivant, heureusement que j'avais mis mes flacons dans un sac en plastique – là j'ai acheté des échantillons (eh oui ça se fait ici !), ce sera plus pratique), et cahier (car j'ai déjà rempli le petit carnet que j'ai amené). J'ai trouvé le tout pour environ 0,60€ !

Puis j'ai continué ma route, sans me perdre, pour grimper les nombreuses marches menant au site de Swayambunath. Une fois en haut, malgré ma tenue népalaise et contrairement à la dernière fois, le gardien ne m'a pas pris pour une locale et m'a demandé de payer l'entrée (gratuite pour les locaux). Je suis redescendue pour trouver (très facilement) une autre entrée (et des nouvelles marches !).

Je crains ! Cet argent sert sûrement à entretenir le site (endommagé par les tremblements, en plus). Mais il ne me reste que 130 roupies pour la journée. Je veux garder le reste de mes sous pour le trekking (1000 roupies) et pour quand je reviendrai à Kat' et partirai à Lumbini (1000 roupies, ce qui ne fera pas assez, il faudra que je change encore des euros, mais je veux garder une partie de ceux que j'ai en liquide pour les pourboires aux Sherpas et pour ensuite changer en Inde).

Tant pis pour la culpabilité, je suis heureuse d'être à nouveau ici, de déambuler, tourner les moulins à prière, méditer, observer.

17h33 *Ma chambre*

J'écris car je m'ennuie. Mes affaires sont prêtes et j'attends mon nouveau sac (car on a dû changer, allez savoir pourquoi, mais c'est souvent comme ça dans ce pays).

Ma colloc', elle, galère un peu à trier ses 80kg de bagage^^.

Pour rentrer de Swayambunath – ouf ! – je me suis perdue dans Thamel, fidèle – enfin ! – à moi-même. A tel point que quand on m'a donné la bonne direction, c'était celle d'où je venais !

Je me suis alors posée dans un boui-boui pour manger des momos. Il était 13h. Sur le coup je n'avais pas si faim mais je voulais manger avant de rentrer à l'hôtel, et finalement, en attendant que les momos soient prêts (et pendant que le père et la fille de la famille tenant le resto viennent me taper la tchatche), l'appétit m'est venu.

Une fois arrivée dans mon petit chez-moi du moment, j'ai pris une douche pour me débarrasser de la poussière de Kat' (quel bienfait !). C'est à ce moment qu'est arrivée ma colloc'. Quand elle m'a vue sortir de la salle de bain en maillot, prête à partir à la piscine, elle s'est changée avec grand enthousiasme pour y aller avec moi, laissant tomber son début de rangement. On a bien rigolé, à se prendre en photos au bord de la piscine.

Et voilà, rien d'autre à dire. J'ai farniente avant de faire le point sur mes affaires. Mon sac fait pile le poids limite (15kg pour le bagage en soute de l'avion – et plus tard pour les porteurs – et 5kg le sac à porter soi-même). Enfin, je crois, car il est difficile de lire la balance dans notre chambre (il est déjà bien pratique d'en avoir une !).

Demain, l'aventure commence !

A 5h !

Chapitre 2 : Ma vallée du bout du monde

Si le Tibet est le toit du monde, le Népal en est la gouttière.
Sylvain Tesson

Dimanche 15 mai   8h52   *Aéroport de Katmandou*

En attente incertaine.
Ce matin, le réveil (par le téléphone de l'hôtel, horrible !) a sonné à 4h10. Je n'ai pas bien dormi. Cette fois à cause de l'excitation. A 5h nous avons eu notre petit déjeuner, à emporter mais nous l'avons pris dans le hall de l'hôtel.
Puis jam jam* to l'aéroport. J'étais plus inquiète qu'autre chose. J'avais peur que mes sacs soient trop lourds. Mais à l'enregistrement, personne n'a rien dit. Ouf ! Ouf ? Je n'en étais pas sûre, et j'avais raison.
Une fois enregistrés, nous avons attendu un moment à l'aéroport. Puis un bus nous a menés à notre coucou. A ce moment, vraiment, j'étais excitée. Comme une puce !
Nous attendons dans l'avion. Puis on nous dit que la météo à Lukla est trop mauvaise. Qu'il faut attendre. On nous fait même ressortir de l'avion. Mais on peut y laisser nos sacs donc la situation n'est pas trop mauvaise.
Sauf qu'après une attente dehors puis dans le bus (car nous n'avons pas le droit de rester dehors), on nous demande de récupérer nos sacs. On retourne dans l'aéroport. Je suis dégoûtée !
D'autant plus que Samit nous explique que nous devons payer pour l'excès de poids des bagages. Il divise le prix de l'extra total par personne. Mille roupies à payer de suite ! Ma réserve pour mon retour. Je suis trop dég' ! Mais bon, tant pis, je changerai des sous en revenant, et en retirerai en Inde (même si je n'ai pas grand-chose sur mon compte bancaire).
Mais pire vient. Samit nous annonce aussi qu'il n'est pas certain que les avions partent aujourd'hui et que nous avons la possibilité de partir en hélico... pour 200$ supplémentaires par personne !
J'espère que nous n'en arriverons pas là. Pour l'instant nous attendons. En 2011, avec Terdav, nous n'avions rien eu à payer pour rentrer de Lukla en hélico à cause du mauvais temps. Je viens de relire sur Facebook qu'il y avait eu après notre départ 3000 personnes bloquées pendant 10 jours à Lukla. Je préfèrerais être bloquée à Lukla qu'ici.
Je veux y aller !!!!!!!!!!!!!!!!!

---

* « Allons-y » en népali.

19h59   *Phakding, Namaste Lodge – 2596m*

J'y suis !!!!! Dans le Khumbu ! Mon pays ! Ma vallée ! Je suis tellement heureuse ! J'en ai les larmes aux yeux.

Finalement, Samit est revenu nous dire que le vol en hélico était au même prix. Rien à payer en plus ! Quelle bonne nouvelle ! D'autant plus qu'il nous a rendu nos 1000 roupies par personne, puisqu'il n'était plus question d'extra bagages. D'ailleurs, à ce propos, il fallait même réduire les affaires de nos gros sacs pour qu'elles rentrent dans un seul gros sac pour tous, car l'hélico ne pouvait pas tout emporter. Nous n'aurons le reste que demain à Namche.

Il a fallu tout refaire ! Réfléchir à nouveau. Moi j'ai les affaires dont j'aurai besoin pour cette nuit dans mon sac à dos et non dans le sac pour tous. Mais je n'ai pas assez réfléchi. Vous verrez pourquoi…

Tout ceci a pris du temps, et il a fallu encore attendre. Puis (à midi), d'un coup d'un seul, jam jam ! Il nous faut nous presser.

Nous partons en pick-up (moi à l'arrière bien sûr !) jusqu'à l'hélico. Tal et moi montons à l'avant avec le pilote. Les quatre garçons (Fabrice, Franck, Robin et Morten) derrière. Tout ceci ressemble à notre retour de Lukla en 2011. Mais à l'envers !

Le vol a été amazing !

Arrivés vers Lukla, nous n'avons pas pu nous y poser. L'aéroport était fermé ! Nous nous sommes posés dans un petit terrain au bord d'un lodge quelque part dans la montagne, tout près de Lukla. Là nous avons encore attendu une bonne heure. Mais dans un lieu magique. Dans le Khumbu !

Cet endroit était à la fois very peaceful, mais aussi très agité, les hélicoptères n'arrêtant pas de venir et partir, et les Sherpanis – en habits traditionnels ! – courant dans tous les sens avec des bidons de kérosène.

Nous sommes repartis. Et sommes arrivés à Lukla !

J'en avais les larmes aux yeux, un sourire jusqu'aux oreilles. J'étais si heureuse !

Aaaaah !!!

Je suis revenue !

Notre guide nous a accueillis et menés à un lodge où nous avons juste mangé (il était 14h30 !). Ensuite, il fallait marcher jusqu'à Phakding.

A peine mettions-nous le nez dehors que la pluie se mit à tomber… et se transforma en déluge ! Nous n'étions pas encore sortis de Lukla que j'étais trempée jusqu'aux os ! Je me disais « pitié, on ne va pas marcher 2h30 sous cette averse ?! ». Et puis, à la sortie du village, la pluie s'est arrêtée. Le soleil est même apparu ! Le reste de la marche a été fantastique. C'était si beau ! Comme avant. J'étais aux anges !

> **Trek 1ᵉ jour :**
> *15/05/2016*
> **Lukla → Phakding**
> 2h23
> 15h22 → 17h45
> D+ : 189m
> D- : 391m
> **2800m → 2596m**
> Point le plus bas :
> 2510m

Ici les Sherpas semblent se remettre du tremblement. Dans Lukla je me suis dit qu'on n'en voyait aucune trace (le Starbucks est toujours là !). Mais à sa sortie il y avait quand même des travaux. Et il y en avait d'autres en chemin. Mais aussi des lodges tout neufs. La vie n'a pas dû être facile ici pendant quelques mois. Mais le tourisme important dans cette vallée aide à booster la reconstruction.

Et donc nous sommes arrivés ici à Phakding, vers 18h. Une douche, un dîner (mon premier dhal bhat depuis que je suis au Népal ! Et de la soupe avec du pop-corn bien sûr ! Tout ça m'avait manqué), et me voici pieds nus à écrire. Car je n'ai pas pensé à prendre d'autres chaussettes. Et mes chaussettes et chaussures sont trempées.

Bon, je vais me coucher, car tout le monde est parti. Pour une fois que je suis celle qui veille le plus…

Lundi 16 mai   18h26   *Namche Bazaar, Sona Lodge – 3450m*

Namche !!!!!
Nous y sommes ! Youpiiiiii !!!!
Cette nuit j'ai super bien dormi. Je me suis réveillée à 5h (à cause de la lumière du jour), mais comme je me suis couchée tôt et que je ne me suis pas réveillée pendant la nuit, j'ai eu mon compte de sommeil. J'ai écouté de la musique en attendant une heure décente pour commencer à me préparer.

Au petit déjeuner, on nous a servi du porridge. Il était délicieux ! Mais le bol était petit, j'avais peur de ne pas avoir assez mangé… jusqu'à ce qu'on nous amène une assiette avec deux toasts, un œuf au plat et des patates ! Rien que ça ! Evidemment Robin a adoré le porridge, puisqu'il est anglais.

Puisque je parle de lui, je vais parler de tout le groupe.

Vous connaissez Tal, ma copine israélienne marrante, gentille et hyper *fille*, et Fabrice, le Niçois, super sympa.

Il y a donc aussi Robin, le Londonien, barbu et moustachu, trop gentil, curieux, attentionné*, drôle, parlant français. Je l'adore ! Et nous avons deux Danois (venus séparément). Discrets et toujours de bonne humeur. Morten adore faire des photos et est un vrai geek (du genre à de-

---

* La preuve, il vient de me prêter un stylo. Le mien est mort, et j'ai oublié les autres à Katmandou.

mander le code du Wifi au lodge de Lukla où nous sommes restés quarante minutes !). Franck rit souvent et semble très fort en trail.

Je parle surtout à Fabrice et Robin. Avec Tal, on fait surtout des selfies.

Deux Hollandais, un père (dont j'ai oublié le nom) et son fils de 18 ans nommé Tenzing (celui-ci est facile à retenir !) nous ont rejoints ici à Namche. Ils sont allés avant dans la vallée de Thame. Tenzing ne courra pas. Ils ont l'air très sympas.

Notre guide s'appelle Kunga. Il est assez âgé. Il est comme tous les guides attentionné et gentil. Il ne parle pas énormément.

Notre sherpa s'appelle Budhbaar. Il est cool.

Trek 2e jour :
16/05/2016
Phakding → Namche Bazar
7h
7h53 → 14h53
D+ : 1062m
D- : 281m
2596m → 3450m
Pause déjeuner de 1h30 à Jorsale (2740m)

Donc ce petit groupe est parti de Phakding ce matin un peu avant 8h, sous le soleil. Les sommets étaient hélas couverts. Je sens qu'on ne va pas beaucoup les voir durant ce séjour !

Que dire de cette journée de marche ? Elle était géniale ! Les villages, les visages, les paysages. Une pause agréable à Jorsale où nous avons super bien mangé (légumes et chapatis). Des descentes, des montées, des plats.

L'après-midi a été un peu longue car nous avons marché hypeeeer lentement, et en nous arrêtant de multiples fois ! J'ai eu même l'impression qu'on était plus souvent à l'arrêt. Genre, à un moment, nous nous sommes stoppés durant vingt minutes, avons marché durant quinze minutes, et nous sommes arrêtés à nouveau pendant vingt minutes ! Franchement, là, je ne suis PAS DU TOUT fatiguée ! La journée a été hyper tranquille. Je n'étais même pas essoufflée, malgré l'altitude (mais ici à Namche en retournant à fond à notre lodge qui est presque tout en haut du village je souffle comme un boeuf).

Du coup, j'étais trop heureuse d'arriver. En fait, c'est aussi pour ça que je nous ai trouvé lents. J'avais tellement hâte d'être à Namche !

Le village a bien changé en quatre ans et demi ! Il y a plus de maisons, les magasins se sont développés (il y a même des minis supermarchés, avec plein de livres, dont Harry Potter, Twilight et Game of Thrones !). Les cybercafés se font rares. Car le Wifi est partout. Mais dans notre lodge, il est payant ! Cinq cent roupies ! La recharge aussi, et même les douches ! Ça, c'est la mauvaise surprise.

J'avais oublié de raconter qu'on a quand même dû payer 200 roupies pour l'hélico (ou le pick-up peut-être ? je ne sais pas pourquoi au juste). Ceux-là je les ai pris sur les 1000 que j'ai pour le trekking. Je n'ai pas touché aux 1000 pour le retour, mais je pense les utiliser avant car avec maintenant 800 roupies (650 au dernier compte) je n'irai pas bien loin. Surtout s'il faut payer recharge et Internet (je resterai crade par contre).

La bonne surprise en arrivant a été un orange chaud. Trop bon ! Cette boisson au goût d'orange mais préparée avec de la poudre et de l'eau chaude, m'avait manquée.

Ensuite, nous avions une heure de temps libre avant le tea time (nous sommes gâtés !). Nous avons flâné dans Namche, entre toutes ses boutiques. J'y suis retournée après le goûter. Je me suis posée dans un Café & Bakery pour profiter de leur Wifi gratuit. J'ai pris un citron chaud (comme l'orange chaud mais avec de la poudre de citron) à 150 roupies. Cela valait le coup de payer et de trop boire, pour donner des news à tout le monde.

19h46

Pour en revenir au fric (il faut que j'arrête d'en parler, c'est une obsession !), ma prochaine dépense sera un stylo.

Pour en revenir à ma cradossité, je précise que j'ai quand même amener un énorme paquet de lingettes pour me faire des toilettes en altitude. Hélas aujourd'hui je ne peux pas m'en servir car elles sont dans mon sac amené aujourd'hui de Katmandou. Les porteurs devaient venir directement de Lukla (!) mais se sont finalement arrêté se reposer à Monjo et arriveront demain. On ne peut pas leur en vouloir !

Ce qui me manque surtout est mon chocolat. J'ai eu la bonne idée d'en amener… quatre tablettes ! Dont deux (une presque finie) laissées à Kat'.

Mardi 17 mai   16h22

J'ai craqué. Je suis retournée au café d'hier pour partager de nouvelles aventures sur Facebook et WhatsApp. Mais j'en avais besoin, car elles étaient bonnes !

J'ai aussi craqué pour la douche. Même si elle m'a coûté 300 roupies (!), j'en avais besoin aussi, avec la poussière de ce matin et mes cheveux dans un état lamentable. Je voulais vraiment les laver une dernière fois. Et me raser les jambes.

Donc ceci + ceci + l'achat de mon stylo (100 roupies ! Je m'attendais à cinq fois moins) = il ne me reste que 130 roupies ! Et 14 jours de trekking.

Génial.

Je raconte tout ça, mais je dois commencer par ma nuit. Encore un bon sommeil. Et encore un réveil très matinal, à 5h ! A 6h je suis sortie du lit. A 6h15 j'étais prête, je rejoignais Fabrice et partais avec lui… courir ! Ça m'avait trop manqué !

Mais nous avons commencé par marcher, et à une allure de randonneur (ou à peine plus rapide) pour nous rendre tout en haut de Namche, à un endroit que je ne connaissais pas, où il y a une statue de Tenzing Norgay et surtout… une vue incroyable sur l'Everest et l'Ama Dablam !

Le ciel était clair, le soleil brillait, c'était amazing !

Nous sommes redescendus en courant, pour remonter en marchant au départ de la vallée de Thame. De là nous avons couru. Le chemin était assez plat, avec quelques montées et descentes. Trente minutes aller, trente minutes retour. Quel bonheur ! J'étais d'autant plus heureuse que Benjam, mon demi-frère décédé dans une avalanche le 1e janvier 2010, et qui était venu plusieurs fois au Népal en tant que guide avec Terdav, avait été à Thame. Et moi jamais.

Le chemin était beau, il y avait quelques rhododendrons en fleurs. Et il n'était pas si dur de courir.

Nous sommes rentrés à 8h, pile à temps pour le petit déjeuner (programmé à 7h par Kunga, reporté à 8h à la demande de Tal, pour mon – finalement – grand bonheur).

Je précise que j'avais quand même mangé les deux tiers d'une barre énergétique Clif (trop bonne !) avant de partir.

Ensuite, le programme a été assez similaire à celui de notre jour de repos lors de mon premier trekking ici : nous sommes allés à l'Everest View Hotel. Mais cette fois sans aller y prendre un tchaï. Nous nous sommes posés à côté, au milieu des rhododendrons en fleur, attendant une éclaircie. Car le temps s'est couvert et les sommets se sont cachés. Nous n'avons vu « que » le Tawoche, et aperçu, furtivement, le Lhotse (!) et l'Ama Dablam.

Ensuite, nous ne sommes pas passés à Kunjung, où se trouve une école fondée par Hillary, mais par l'aérodrome de Namche, avant de descendre par un chemin fait pratiquement que d'escaliers.

A notre arrivée, nos sacs étaient là. Quel bonheur de récupérer des vêtements propres et, surtout, mon chocolat. J'en ai apprécié un carreau après le déjeuner (encore une fois délicieux, fait d'un pain tibétain, de patates et de légumes). La douche a été aussi un vrai bonheur !

Et avant de sortir dans Namche, j'ai participé à un atelier couture. Vous seriez passé devant notre chambre à Tal et moi en début d'après-midi, vous nous auriez vu toutes deux recoudre nos pantalons ! Pour la même raison en plus : nous avons maigri. Mais pas avec la même technique. Tal a resserré le haut du sien, et moi j'ai fait des ourlets (horriblement moches ; je suis une terrible couturière) pour qu'il ne traîne plus par terre malgré le fait qu'il ne me tienne pas assez aux hanches.

Ma pauvre colloc' est actuellement malade. Aujourd'hui elle est restée au lodge. Le mal semble venir d'un virus (mal de gorge) et non de l'altitude. J'espère qu'elle va vite guérir ! Elle a une semaine pour être au top. Dans une semaine*, nous serons au sommet de l'Island Peak !

17h17   *Chambre 203*

Il pleut**. Je vais écrire quelques cartes postales**.

Mercredi 18 mai   15h22   *Deboche, Rivendel Lodge (!) – 3700m*

Je suis à Fondcombe !!!!!!

Cette nuit j'ai super bien dormi. C'est le troisième matin de suite que je me réveille, regarde l'heure et vois 5h pile. A chaque fois ! C'est fou quand même.

Non mais attendez ! Je ne vais pas commencer par ma nuit. Il s'est passé des « événements » hier soir.

Il y a d'abord eu la séance de yoga. Robin s'est mis à faire la salutation au soleil. Je lui ai demandé de quelle sorte de yoga elle était issue car je ne faisais pas la même. Il m'a donc demandé de montrer la mienne. Ensuite, un américain, qui participe aussi au marathon et était dans le même lodge (mais qui ne fait pas partie de notre groupe), a fait la sienne.

Ce matin, alors que j'étais en avance au petit déjeuner, il l'a refaite, et j'ai rejoint le mouvement. Quel bienfait !

Nous avons eu un nouveau compagnon dans notre équipe : un argentin, Hernan. Nous sommes maintenant neuf, comme la Communauté de l'Anneau. Ce n'est pas la dernière fois que je parlerai du monde de Tolkien…

Au dîner, nous avons eu des momos ! Miam ! Et au dessert – surprise – un gâteau a été servi, car c'était l'anniversaire de Hollandais-père.

Ensuite, j'ai repris les bonnes habitudes d'une trekkeuse aguerrie au Népal : j'ai demandé, à la place du thé, du « tato paani » (eau chaude) pour y faire infuser ma tisane. Cela dit, j'aurais presque pu m'en passer. Car le trip de notre groupe est de boire du « ginger tea ». On en demande sans cesse ! Et il paraît que ce n'est pas réellement du thé, et donc dépourvu de théine. Mais pour le soir, je préfère ne prendre aucun risque et boire ma camomille pour dormir dans les meilleures conditions possibles.

---

* Et depuis une semaine je n'ai pas bu d'alcool**.
** Informations capitales !

Cela a donc marché, mon masque* et mes bouchons d'oreille aidant aussi.

> **Trek 4e jour :**
> *18/05/2016*
>
> **Namche Bazar → Deboche**
>
> 6h42
> 7h53 → 14h35
>
> D+ : 822m
> D- : 678m
>
> **3450m → 3700m**
>
> Pause déjeuner à Phunki Drengka (3300m) :
> 10h37-12h13
>
> Pause à Tengboche (3820m) :
> 14h-14h25

Ce matin nous sommes partis exactement à la même heure que de Phakding. Le temps était magnifique. Pas un seul nuage ! Nous sommes montés de Namche et, après un « au revoir » à la capitale sherpa, au détour d'un virage, nous sommes retrouvés nez à nez avec l'Ama Dablam, l'Everest, le Thamserku et d'autres. Ils étaient majestueux. Ce spectacle était à couper le souffle. C'était si beau !

Et nous avons eu droit de l'avoir tout le long du chemin en balcon menant au carrefour entre la vallée de Gokyo et celle de l'Everest. A partir de ce point, je ne connaissais le chemin que dans l'autre sens (puisque j'étais allée à Gokyo la première fois, passant un col pour revenir par la vallée de l'Everest).

A partir de ce point, le sentier était en descente. Nous avons tous pensé – non sans inquiétude – qu'il nous faudra le remonter pendant le marathon. Eh oui nous sommes maintenant sur son parcours !

Juste après le carrefour, j'ai reconnu un endroit que j'adore. Je me suis mise à rire toute seule. L'Ama Dablam View Lodge ! Ce lodge où nous avions dormi au retour en 2011, et surtout où nous avions pris l'apéro, trop contents de boire une bière après des jours d'abstinence (à cause de l'altitude). Il devait être dans les 15h, nous avions mangé des Pringles… et tout ça juste avant le « tea time » ! Nous avions trop déliré. A l'aller, nous nous étions juste arrêtés, et cette fois ce fut the same, profitant cette fois encore de la vue magnifique sur l'Ama Dablam.

Avec cette team aussi je rigole bien. Par exemple, quand nous nous sommes arrêtés, à la fin de la descente, pour manger, nous avons eu droit au dessert à un morceau d'ananas. Et quand Fabrice a dit « […] ananas. Sorry, pineapple », tout le monde (Danois, Hollandais, Israélienne) a dit que dans leur langue aussi on disait « ananas ». Donc Fabrice a demandé à Robin pourquoi il appelait ça « pineapple », et ce dernier s'est lancé dans une explication abracadabrante dont la véracité a été remise en question par tous. On a bien ri.

---

* Le réveil à 5h ne peut donc pas être dû à la lumière matinale puisque je m'en suis protégée ce matin.

Nous sommes ensuite montés sous les rhodo' jusqu'à Tengboche. Hélas, peu sont encore en fleurs. La saison est finie, nous arrivons trop tard.

A Tengboche, nous nous sommes arrêtés un moment face au magnifique monastère. Une very peaceful pause. Au moment de repartir, des gouttes ont commencé à tomber. Mais heureusement, nous étions arrivés quand il s'est mis à bien pleuvoir. Ouf !

Sachant que nous dormions juste après Tengboche, je repensais, tout en marchant, au Rivendel Lodge, que j'avais bien sûr repéré il y a quatre ans et demi. J'espérais trop qu'on y loge. Et en arrivant devant, je vois Budhbaar pénétrer à l'intérieur. J'étais trop contente ! J'ai bien ri avec les Hollandais qui m'ont demandé à peine quelques heures plus tôt en quelle langue était mon tatouage* sur le bras. Ma réponse étant « en elfique », ils étaient d'accord qu'on arrivait chez moi !

Vraiment ici je me sens tellement bien. Il ne me manque que mes parents. Un trek au Népal sans eux n'est pas un vrai « trek au Népal ». Mon chéri me manque aussi, bien sûr. Il me connaît si bien ! Il m'a écrit des mots à lire tout au long de mon trip : « à lire avant le trek », « à lire pendant », etc. J'ai déjà lu « à lire pendant le trek ». Il écrit que je dois beaucoup penser à l'Island Peak et au Marathon, et il est vrai que j'y pense tout le temps. Il met aussi que le chocolat et le beurre de cacahuète doivent me manquer. Concernant le chocolat il a tort puisque j'en ai. Mais il a raison pour le beurre de cacahuète. Le café aussi, me manque.

Et Radio Monaco. Ne plus avoir les actualités royales à travers le monde est terrible ! D'ailleurs, ça me fait penser que c'est le Festival de Cannes en ce moment.

Et la palme d'or revient à Tal ! La palme du geekage. Sérieux, elle est toujours sur son portable ! Elle était sur Facebook à Tengboche. Moi j'ai éteint le mien et l'ai laissé dans mon gros sac.

Mais il est vrai que les vraies stars sont ici : nous, les Marathoniens de l'Everest. Et les Sherpas, bien sûr. Un deuxième guide népalais nous a rejoints. C'est lui qui nous mènera au sommet de l'Island Peak. Il l'a déjà grimpé vingt-cinq fois, et deux fois l'Everest !

Si certaines choses me manquent, je me fais à d'autres : au thé et à la marche lente. Celle-ci ne m'a pas dérangée aujourd'hui. C'était une journée magique ! Que je vais peut-être prolonger par un petit jogging, un peu de gainage ou juste de la lecture (il y a des livres ici, mais paradoxalement pas le Seigneur des Anneaux).

---

* Un nouveau tatouage, « Palurin » écrit en elfique, signifiant « vaste monde ».

16h29

Finalement je ne vais peut-être pas aller courir, car il pleut des cordes. Quand je pense que nos porteurs sont toujours en train de marcher ! Les pauvres.

19h21

Khaana mitho laayo…

Jeudi 19 mai   **14h27**   *Dingboche, Khumbu Resort – 4300m*

… Ce qui signifie « le repas était délicieux ». En effet hier soir nous avons eu droit à une soupe, des momos et… de la pizza ! De la yack cheese pizza !

En attendant ce délicieux repas, j'ai lu un livre (en anglais mais avec beaucoup d'images^^) sur la vie d'Edmund Hillary. Je connaissais son ascension de l'Everest, son initiative de construire une école à Kunjung, mais pas tous ces autres projets dans le Khumbu (des hôpitaux, l'aide à la création du parc), ni la mort de sa femme et sa fille dans un accident d'avion à Katmandou.

Cette lecture m'a passé le temps jusqu'au dîner, tôt, à 18h30. Du coup j'étais couchée tôt (à peine plus de 20h !). Je me suis vite endormie. Je me suis réveillée vers minuit mais me suis vite rendormie, tout comme vers 4h39. A 5h33 j'étais réveillée pour de bon et il me restait seulement un quart d'heure à attendre avant de me lever.

Car à 6h, Robin, Franck, Fabrice et moi avions rendez-vous pour aller courir !

Nous avons commencé directement par de la montée. C'était duuuuur ! Les mecs m'ont de suite larguée. Mais pas trop semée, et je suis arrivée juste derrière eux (en marchant) à Tengboche. Nous sommes ensuite montés jusqu'à un petit stūpa juste au-dessus, à 3900m. Puis nous sommes redescendus, et là c'est moi qui ai largué Robin et Franck. Les Français sont les meilleurs descendeurs ! Fabrice est allé encore plus vite. A la montée il avait l'air à l'aise. Je parie sur lui pour finir premier de notre groupe au marathon, et dans le top 3 de tous les étrangers.

Tandis que les mecs sont rentrés, j'ai fait un petit aller-retour de cinq minutes en direction de Pangboche.

En enlevant les pauses, j'ai dû courir 30 minutes. C'était dur mais génial !

Et nous avons eu de quoi récupérer ! Nos petits déjeuners sont royaux ! Ce matin nous avons même eu du café. Ce sera le dernier, car café et altitude ne font pas bon ménage. On nous a apporté porridge et muesli, que j'ai mélangé, avec du miel. Et avec ça, un œuf au plat et des toasts.

A la même heure que d'habitude, nous sommes partis. Comme hier il a fait grand beau ce matin, et nuageux à partir de midi. Mais pour l'instant il ne pleut pas. Tant mieux car nous avons une petite balade de prévue après le goûter.

Nous avons ainsi pu marcher avec une vue incroyable sur l'Ama Dablam ! Amazing !

Le chemin montait tranquillement jusqu'à Dingboche, à travers la forêt puis dans un paysage plus alpin. Ici il n'y a plus beaucoup de végétation.

Nous avons fait une pause bronzette à Pangboche, face à la plus belle montagne du monde. Je me suis dit que si je venais vivre au Népal, c'est ici que je voudrais rester. Même s'il y a moins de chose qu'à Lukla ou Namche, la vue y est la plus belle (et puis Namche n'est pas si loin).

Encore un rêve à réaliser ?

Trek 5e jour :
19/05/2016
Deboche → Dingboche
6h11
7h49 → 14h
D+ : 708m
D- : 153m
3700m → 4300m
Pause à Pangboche (3970m) : 9h29-9h53
Pause déjeuner à Shomare (4062m) : 10h27-11h53

Et dire que je vais en accomplir un dans quelques jours. Car ça y est nous sommes dans la vallée de l'Imja. Celle de l'Island Peak. Celle de Benjam'.

Ce midi, nous avons mangé à Shomare. A chaque repas, on nous sert une assiette « qui fait pitié ». Aujourd'hui quelques pommes de terre, quelques légumes et un petit pain tibétain. Mais à chaque fois on revient nous resservir. Ainsi on ne risque pas d'avoir trop et de gaspiller. Ni d'avoir trop peu, car ils nous demandent plutôt deux fois qu'une si on reveut de chaque aliment, nous évitant d'être gêné de reprendre.

Je n'ai par exemple pas hésité à reprendre un pain tibétain, même si je l'ai gardé pour le manger plus tard, à la place de manger des biscuits au tea time, qui ne font que donner plus faim et ne comprennent que des calories vides… quoi que vous allez me dire que le pain tibétain, très gras, n'est pas vraiment plus diététique. Mais avec un peu de chocolat, ça fera un délicieux goûter.

Que je vais me faire dès à présent car nos sacs viennent d'arriver. Les porteurs ne sont que quatre pour neuf trekkeurs. Du coup l'un d'eux porte trois sacs ! Et c'est le plus jeune qui s'y colle. Ils le sont tous d'ailleurs. L'un d'eux est super rapide. Il arrive toujours en même temps que nous au lodge !

Budhbaar, lui, me fait trop rire. A chaque départ, il lance « on y va ! » ou « c'est parti ! », en français !

Tal va mieux, même si ce n'est pas encore la grande forme.

Pour ma part, puisque nous sommes à plus de 4000m, je vais commencer à me droguer, à prendre mon Coca en homéopathie.

Il faudrait aussi que je m'étire un peu.

A la place d'écrire. Car je deviens inintéressante, non ?

Bientôt j'aurai plus d'aventures à raconter ! Car les *vraies* approchent !

Chapitre 3 : Un sommet dur à atteindre

Si nous prenons la nature pour guide, nous ne nous égarerons jamais.
Cicéron

Vendredi 20 mai   11h24   *Chukhung, Kangri Resort – 4720m*

Je courais vers l'Ama Dablam, essayant de contrôler mon souffle, accéléré par l'altitude, coupé par le spectacle incroyable qui m'était offert.

Je marchais vers l'Imja Tse. La montagne m'appelait, le sommet m'attendait.

Aujourd'hui j'ai expliqué à notre guide, Kunga, pourquoi il était important pour moi de grimper l'Island Peak. Je pensais qu'il devait connaître la valeur que j'accordais à cette aventure, vécue par mon frère, l'aventurier dont je suivrai toujours les pas.

Hier, nous sommes donc allés marcher après le tea time. Nous sommes juste montés au Stūpa sur la route de Lobuche, à cet endroit qui, il y a quatre ans et demi, nous avait offert, à nous venant de Lobuche, un soudain point de vue amazing sur Dingboche, l'Island Peak et l'Ama Dablam.

Hier, par contre, la vue était complètement bouchée.

La montée de 100m de dénivelée a été dure. Surtout que nous ne l'avons faite qu'en un quart d'heure. Nous sommes redescendus par un autre chemin, menant à la bordure du village côté Island Peak. Celui-ci est en pleine (re)construction. J'ai hâte de comparer mes photos avec celles de 2011. Elles ne pourront hélas pas refléter ni le développement du village (à cause des séismes qui en ont détruit une partie), ni les dégâts du tremblement de terre (puisque avant des nouvelles maisons ont été construites).

Après la balade, j'ai fait un brin de toilette, avant de lire *Comment pratiquer le Bouddhisme* de Sa Sainteté le Dalaï-Lama. De le relire en réalité. Je voulais le garder pour mon pèlerinage, mais finalement je me sens dans un état d'esprit réceptif à l'enseignement du Bouddha : humanité, compassion, apaisement, vacuité, unicité.

Notre dîner a été énooooorme hier ! Soupe à l'ail (délicieuse) avec pop-corn, puis dhal bhat avec légumes, et viande pour les carnivores / œuf sur le plat pour Robin et moi. J'apprécie beaucoup de ne pas être la seule végétarienne.

J'ai plutôt bien dormi cette nuit. J'en suis étonnée, à cette altitude.

Cette fois, notre rendez-vous pour courir était fixé à 5h45 ! Ont répondu présents Fabrice, Franck, Hernan et moi.

Nous avons refait le parcours de la balade de la veille, mais en rajoutant un aller-retour dans la vallée vers Lobuche. Nous avons couru une bonne heure en enlevant les pauses ! C'était duuuuur ! On a ressenti l'altitude. Mais c'était surtout magique ! En particulier le retour, face à l'Ama Dablam.

Il y a quatre ans et demi, j'avais ressenti de l'euphorie à cet endroit. J'avais eu envie de courir. Tout est plus fort en courant. Je suis certaine qu'aucune drogue ne peut apporter plus de plaisir ! C'était juste *trop bon* !

Pourtant, ce matin, le ciel n'était pas aussi clair que d'habitude. Il restait quelques nuages résiduels après la pluie de cette nuit.

Nous avons quand même vu l'Island Peak, même si le soleil se levant derrière lui nous le rendait aveuglant. Nous avons aussi admiré le Cholatse, toujours aussi penché. Enfin, nous avons aperçu des tetraogallus tibetanus (de leur nom scientifique), gros oiseaux sauvages de l'Himalaya.

12h25

J'ai dû faire une pause car on nous a servi notre déjeuner. Un petit sandwich au fromage, des pâtes aux légumes et des frites. Le tout avec beaucoup de chili sauce car je suis fan de cette « sauce verte » comme on l'appelait pendant les précédents treks.

> **Trek 6e jour :**
> *20/05/2016*
> **Dingboche →**
> **Chukhung**
> 2h20
> 8h19 → 10h39
> D+ : 400m
> D- : 0m
> **4320m → 4720m**

Ce matin, avant de partir, nous avons fait une photo de groupe avec nos tee-shirts de la course (qui, soit dit en passant, sont bien sympas ; je conserverai le mien). Puis nous avons pris la direction de Chukhung, pour une traversée du désert. Plus de lodge, plus de végétation hormis quelques buissons et quelques jolies fleurs, et plus personne.

Aujourd'hui j'ai apprécié l'allure « bistare » (« lente » en népali). Et – vous n'allez pas me croire ! – je n'ai pas apprécié mais attendu (!) les pauses.

Pourtant la montée était douce. Et courte. En deux heures vingt nous étions arrivés, avant même le lunch time !

Cet après-midi sera donc relax. Que vais-je faire ? Ecrire des cartes postales serait une bonne idée…

C'est fou, on a fait que 400m* de dénivelée et je suis épuisée !

15h13 *Devant un film de Bollywood***

Je me suis finalement bien motivée cet après-midi. Quand Fabrice m'a proposé d'aller me balader avec Franck et lui, j'ai répondu que je voulais y aller plus tard, après m'être reposée. Mais finalement, en décollant de ma chaise pour aller ranger mes affaires dans ma chambre, la fatigue s'est envolée. Cependant, le temps de prendre veste, gants et Buff, les garçons étaient déjà partis.

Donc je suis allée marcher seule. J'ai pris une direction au hasard, au-dessus de Chukhung. Je suis montée jusqu'à 4810m (le Mont-Blanc !). Puis je suis redescendue, car j'étais en plein brouillard et j'avais peur de me perdre. Mais j'étais si vite de retour au hameau que j'ai décidé de remonter. Cette seconde fois je suis allée jusqu'à 4900m. Je n'ai pas trouvé la grimpette très dure, car j'y suis allée bistare (mais j'ai quand même fait 300m en moins d'une heure aller-retour-aller-retour).

Malgré le brouillard, la balade était chouette. J'ai vu de jolies fleurs violettes, et d'autres ressemblant à des edelweiss mais passées.

En rentrant j'ai fait cinq minutes de gainage, ma toilette, des étirements et une petite méditation. Et il n'est pas encore le tea time ! Le temps s'allonge...

16h55

Tal est un ange ! Déjà, elle a partagé avec tous au tea time (rooibos time pour moi et Fabrice que j'ai converti au « no tea after lunch ») des barres aux graines de tournesol sucrées (délicieuses), mais en plus, elle m'a prêté son téléphone pour que j'aille sur Facebook ! J'ai pu donner quelques news ;).

Samedi 21 mai   12h53

Qui croirait que nous sommes presque au sommet du Mont-Blanc ? Hier soir, devant un documentaire sur les lions de la savane, nous avons mangé du pop-corn et de la pizza, et bu un chocolat chaud !

---

* Mais il y a eu le running du matin, et à ce propos j'ai oublié de préciser que durant celui-ci nous sommes montés jusqu'à 4500m.
** Car il y a la télé dans le lodge !

Cette nuit j'ai trop mal dormi ! Je me suis couchée à 20h, j'ai dû m'endormir vers 20h30-21h, je me suis réveillée vers 1h, et jusqu'à 5h20 j'ai seulement somnolé de temps en temps.

J'avais une tête de défoncée en me rendant à notre rendez-vous habituel pour notre jogging quotidien. Seul Fabrice était présent. Comme lui non plus n'était pas au top, ayant mal au crâne, nous avons commencé par marcher, à une allure « normale ». Ce d'autant plus que nous avons directement grimpé. Nous sommes montés jusqu'à 4930m, en direction du camp de base de l'Island Peak, puis nous sommes descendus en courant. Nous avons quand même couru au-dessus du Mont-Blanc !

Les nuages cachaient en partie les sommets, mais nous avons vu l'Ama Dablam baigné par le soleil, le Tawoche Peak (je crois), notre objectif (J-3 !) et les spectaculaires glaciers de l'Ama Dablam !

Aujourd'hui nous restons à Chukhung. Au programme ce matin : vérification du matériel et apprentissage de l'alpinisme.

Nous avons sorti baudriers, piolets, casques, mousquetons, etc. A côté de notre lodge se trouve un local rempli de tout ce dont un alpiniste a besoin. Si certains dans notre groupe n'avaient rien et ont donc tout loué ici (et si certain – nommé Robin – avait tout), moi je n'avais besoin que d'un huit et d'un ascendeur. Je ne sais pas si je devrai payer leur location…

Notre entraînement a été trop chouette. Les sherpas ont installé des cordes fixes dans une pente à côté du village, et nous avons fait quelques montées et descentes, sous les conseils et vérifications de nos guides.

Nous voici prêts !

Pendant cette session d'entraînement nous a rejoints une nouvelle recrue : Lorie. Américaine, d'environ cinquante ans, souriante et qui paraît montagnarde.

14h26

Un mélange de pluie et de neige s'est mis à tomber. Je me suis précipité dehors pour récupérer les vêtements que j'ai lavé avant le déjeuner (dehors, dans une bassine) et que j'avais mis à sécher sur un muret en pierre. Je viens de les suspendre dans ma chambre, mais avec la température actuelle (pas plus de 10° je dirais), je sens que ce tee-shirt, ce débardeur, ce collant de sport, ces deux paires de chaussettes et cette culotte vont être rangés mouillés demain dans mon sac !

Robin, Franck, Fabrice et Hollandais-père sont partis marcher. A la base j'avais prévu de les accompagner, mais sous la pluie non merci. Surtout que je commence à m'enrhumer (malgré toutes les soupes à l'ail et

le thé au gingembre que l'on consomme). Et puis, bon, j'en fais déjà pas mal. Un peu de repos me ferait du bien.
A la place, je me suis limé les ongles.

J'ai les pieds gelés. Quand est-ce qu'ils feront du feu ? J'ai une furieuse envie de squatter le poêle !

Dimanche 22 mai   13h27   *Camp de base de l'Island Peak, tente mess – 5030m*
L'ambiance a changé. Nous voici au camp de base…

Hier après-midi, alors que je profitais de la chaleur du poêle, musique aux oreilles, après des heures paisibles passées à lire, à méditer et à m'occuper de mes vêtements (le soleil est revenu, j'ai pu les remettre à sécher, et le soir les ai mis dans mon sac de couchage, enroulés dans ma serviette, pour les récupérer secs ce matin), sont apparus dans le lodge deux gars. En les voyant, je me suis tout de suite dit qu'ils étaient français. En regardant plus attentivement l'un d'eux, j'ai été certaine de le connaître. En voyant plus tard que l'autre lisait un livre en français, ma certitude s'est accrue, et je me suis mise à réfléchir. Je ne le connaissais pas du Sud, mais de Savoie. Mais je n'arrivais pas à me souvenir d'une anecdote avec lui.

Au bout d'une demi-heure à me dire qu'il fallait que j'aille leur parler, je me suis décidée à faire violence à ma timidité. Et à peine j'ai eu prononcé un mot qu'il a dit me connaître aussi. C'est un des vendeurs de la Vie Claire à Séez ! Où ma mère et ma sœur vont faire leurs courses. Où je vais souvent quand je suis à Bourg.

C'est fou ! Et pourtant je n'étais pas si étonnée. Car à chaque fois que je vais au Népal, je rencontre quelqu'un que je connais !

Nous avons discuté une bonne demi-heure, du Népal, de trail et du kilomètre vertical que ma sœur et moi organisons fin juillet à Bourg Saint Maurice et dont la Vie Claire sera sponsor.

C'était vraiment une chouette rencontre ! Elle s'est produite entre le tea time (ou plutôt coffee time car on nous a servi du café, mais pour moi cela a été tisane time) et le dîner, à la fin duquel nous avons fêté un nouvel anniversaire, celui de notre guide Kunga.

Pas de gâteau cette fois, mais un cadeau, choisi par Robin et remis par moi-même car nous l'avions caché dans mon sac à main (je suis la seule qui m'en trimballe un dans les lodges, pourtant c'est bien pratique pour avoir sur soi cahier, stylo, livre, carte du Khumbu, mouchoirs, etc.). J'étais un peu gênée car il s'agissait de deux paquets de cigarettes ! Perso j'aurais choisi autre chose (est-ce vraiment un cadeau que d'aider quelqu'un à s'empoisonner ?), mais Kunga était content…

En plus de fumer, notre guide est un vrai geek ! Hier il a passé un temps fou sur Facebook, assis à côté de moi devant le poêle. Enfin, sans doute pour lire ses messages d'anniversaire (d'ailleurs c'est parce que Tal est ami avec lui sur Facebook que nous l'avons su). Moi j'ai pu aller sur Facebook vite fait hier avec le portable de Fabrice. Je suis maintenant amie avec notre autre guide (celui qui nous amènera à l'Island Peak), Pemba.

J'ai enfin converti d'autres membres du groupe à la tisane le soir ! En plus de Fabrice, Hollandais-père s'y est mis. Je me sens moins l'intruse, et n'ai pas pris plein de sachets pour rien. Car je comptais partager. Au contraire du chocolat…

Cette nuit j'ai beaucoup mieux dormi. Car quand je me suis réveillée à 1h, j'ai pris du paracétamol. Je sais par expérience que cela m'aide à dormir. Ainsi, vers 1h30 je me suis rendormie pour me réveiller à 5h25, pile à temps pour me préparer et être au rendez-vous à l'entraînement quotidien de 5h45.

Si Robin, Tenzing et Franck devaient venir, seul cette fois encore Fabrice et moi avons pris part à la session.

Le brouillard était épais, bouchant toute vue. Nous avons donc choisi de descendre en direction de Dingboche. Mais pendant que nous courions, le brouillard s'est dissipé, ouvrant la vue sur les sommets. C'était juste magique !

Nous avons fait demi-tour au bout de vingt minutes. Je pensais pouvoir courir aussi au retour, la pente étant douce, mais j'ai eu l'impression de faire une séance de fractionné ! Sans aller vite pourtant. Je courais une minute puis, essoufflée, je marchais pour récupérer, et courais à nouveau, ainsi de suite. Ce retour en trente minutes m'a épuisée !

Et affamée. Au petit déjeuner, je me suis goinfrée. Ce d'autant plus qu'avec nos toasts (en plus d'un œuf dur et de muesli) on nous a servi… du beurre de cacahuète ! J'étais trop contente.

Nous avons décollé à 8h et quelques, sous un ciel bleu et des montagnes blanches, immenses.

Nous avons vu l'Ama Dablam, le Cholatse, l'Island Peak, le Lhotse, et même le haut du Pumori.

Ainsi, malgré l'allure lente (au moins deux fois plus de temps pour parcourir la distance faite par Fabrice et moi hier matin !) et les pauses longues, il était impossible d'être irritée, tant l'attention était happée par ce spectacle incroyable !

Trek 8e jour :
22/05/2016

**Chukhung →
Camp de base de
l'Island Peak**

3h
8h10 → 11h10

D+ : 330m
D- : 0m
4700m → 5030m

Et ainsi avons-nous dépassé les 5000m d'altitude et avons atteint le camp de base. Celui-ci est assez grand, et pour nous c'est le luxe. Pendant que nous récupérions de la marche (et sommes allés admirer le lac tout près, incroyablement beau avec ses petits icebergs), les Sherpas ont monté les tentes. Les grandes, pour la cuisine et le repas, étaient déjà en place. Ici, dans la tente mess, nous avons des tables et des chaises !

Je ne me sentais pas bien en arrivant. J'avais mal à la tête, le nez pris, et une légère nausée, sans doute causée par mon excès alimentaire du matin et le fait de n'avoir rien mangé depuis (il n'était pas loin de midi).

Mais après un paracétamol*, de la soupe et un citron chaud, je me sentais mieux, et encore mieux après le repas. Maintenant je vais parfaitement bien. Ouf ! Ce coup de moins bien m'avait inquiétée pour après-demain. Cependant, nous avons toute la fin de la journée et celle de demain pour prendre des forces et guérir.

Car je ne suis pas la seule à souffrir. Franck se sent mal, et Tal n'a plus de force. Elle est arrivée une heure après nous ce matin ! J'espère que la forme lui sera revenue après-demain !

En attendant ce moment tant désiré, nous devons trouver à nous occuper ici. Avant d'écrire, j'ai accroché avec l'aide de Robin des drapeaux à prière sur des rochers tout près du camp.

A présent, comme chaque après-midi, les nuages recouvrent le ciel. Il ne fait pas froid, car nous ne sommes pas sur le glacier, qui est bien plus haut. Si nous n'avons plus le sentiment d'être en trekking de luxe, nous n'avons pas encore celui d'être en expédition. Pas encore...

Lundi 23 mai   12h46   *même endroit – 5070m***

C'est officiel, Tal est ma meilleure amie. Alors qu'on lisait tranquillement dans notre tente, elle a soudainement déclaré qu'il était l'heure de prendre des forces... et a sorti de son sac tout ce que je préfère au monde : des amandes, des noix et des dattes Medjool. Quel délice !

Cela a dû fonctionner. Aujourd'hui je me sens trop bien ! J'en suis trop contente. Ce matin j'étais la seule à dire que j'avais bien dormi. Mais à mon avis, je n'ai pas mieux dormi que les autres. Je suis juste plus positive. Pour moi, dormir de 20h à 5h en se réveillant deux fois, en mettant ces deux fois du temps à se rendormir, et en faisant tout le reste du temps des micros réveils (pour se moucher par exemple), eh bien, à plus de 5000m d'altitude, c'est bien dormir.

---

* Il paraît que l'aspirine est plus efficace en altitude mais j'y suis allergique.
** Ma montre donne l'altitude grâce à la pression qui varie selon la météo.

Cela dit, j'étais la seule à aller courir à 5h45. Nous n'avions rien convenu avec Fabrice, et, ne sachant pas laquelle des tentes était la sienne, je ne l'ai pas prévenu.

Cette fois encore le temps était clair, et les montagnes plus immenses encore. Les glaciers près de l'Ama Dablam se reflétaient dans le lac Imja Tsho. En courant au retour, j'ai crié de joie tant je me sentais jubiler.

Car j'ai commencé par monter sur une moraine (celle qui donne vue sur le lac) avant de prendre la direction que nous suivrons demain. Au bout de dix-sept minutes, j'ai fait demi-tour en courant (à 5100m !).

Je me sens super bien, sans aucun mal de tête (il faut avouer que j'ai pris du paracétamol avant de me coucher, et un autre dans la nuit).

Mon nez va un peu mieux aussi. Grâce au baume aux huiles essentielles que m'a passé hier Pemba, et surtout grâce au remède assez extrême que je me suis administré ce matin : des gouttes d'huile essentielle d'arbre à thé directement dans chaque narine, me coulant jusque dans la gorge. J'ai souffert pendant dix minutes, et cru perdre mon odorat. Mais je pense que cet acte inconsidéré porte ses fruits.

Même ici le petit déjeuner est royal. On nous a apporté porridge et muesli, avec miel, confiture et… beurre de cacahuète ! J'ai fait un mélange de tout (hormis la confiture), mais de petites quantités, pensant qu'on aurait des toasts. Comme rien n'arrivait et que Kunga m'a proposé de me resservir de porridge, je me suis accordé une seconde tournée. C'est là que les assiettes avec omelettes et toasts sont arrivées !

J'ai tout mangé.

Heureusement, nous avions une heure trente pour digérer. Ce midi encore j'ai trop mangé. Les repas sont ici les mêmes, à part que nous avons de la soupe aussi à midi. Une semaine ici et je deviens obèse. Je commence à me sentir serrée dans mon pantalon ! Mais c'est mon plan, pour être au top demain. Après, deux jours de diète et je recommence à bien manger pour prendre des forces pour le marathon. Et dans une semaine je redeviens sérieuse.

Entre ces deux repas, nous avons fait une balade, ayant pour but de nous habituer à nos « boots ». J'ai donc sorti mes chaussures d'alpinisme de mon sac, me préparant à crever de chaud (le soleil tape fort ici). En voyant les surbottes sur mes chaussures, Kunga m'a dit que je n'en avais pas besoin aujourd'hui. Quand je lui ai expliqué que je n'arriverais pas à les remettre si je les enlevais (il avait fallu au moins trente minutes et l'aide d'un tournevis à mon père pour les mettre !), il m'a dit que je pouvais marcher avec mes chaussures de trail. Cool ! De toute façon, si mes surbottes sont neuves (achetées exprès pour l'occasion au Vieux Campeur), mes chaussures d'alpinisme ont déjà foulé des sommets à mes pieds. L'entraînement concerne surtout ceux du groupe qui ont loué leurs chaussures à Chukhung. Les pauvres ont reçu des « boots » ressemblant plus à des chaussures de ski que de marche !

Nous sommes montés jusqu'à 5300m, par un chemin d'abord en pente douce qui contourne la montagne puis qui s'élève d'un coup pour grimper dessus. C'était super !

Tout en marchant, j'ai eu une révélation (encore une !) : décidément j'aime trop l'alpinisme, et la prochaine fois que je viendrai au Népal, ce sera pour faire le Cho Oyu. Je demanderai à Pemba, après l'Island Peak, s'il pense qu'avec de l'entraînement j'en serai capable.

Je me suis aussi dit qu'il fallait vraiment que je continue mes ascensions des 4000 des Alpes !

Au retour de notre balade de deux heures (une heure dix aller, cinquante minutes retour), nous nous sommes entraînés, au camp, à passer sur une échelle avec nos crampons ! Ça sent la crevasse ! Ça va être bon !

Cet après-midi nous avons quartier libre. Au programme :

- Préparer •   • à Kunga comment s'habiller demain
- Demander •   • mon portable et ma frontale
- Nettoyer •   • mon sac
- Charger •   • moi-même

A relier !^^

12h15   *Dans la tente*

Missions accomplies ! Et j'ai aussi appris quelques mots népalis en plus, comme surya (soleil), badi kaana (excès de nourriture), taal (lac !) et chito (ultra rapide).

Actuellement il neige ! Hiu, en népali. Quand je pense que tout à l'heure on ne pouvait pas entrer dans la tente tant il faisait chaud, avec le soleil qui tapait fort sur le camp… A présent je suis dans le sac de couchage et je porte doudoune et bonnet. Brrr

Mardi 24 mai   7h45

J'ai un goût amer dans la bouche. Mes larmes veulent continuer de couler mais je les retiens. Je suis dégoûtée.

Ici l'ambiance a changé. Nous discutons beaucoup entre nous, mais aussi par petits groupes. Les Sherpas parlent dans leur langue en nous jetant des regards. Fabrice et moi parlons en français. Les Hollandais parlent entre eux. Nous en avons besoin, après ce trop plein d'incompréhensions et d'émotions ce matin.

Ce matin a commencé à 0h15, quand le réveil a sonné ! Cela faisait cinq heures que j'étais couchée mais je n'ai pratiquement pas dormi. J'ai passé « la nuit » à penser, à me moucher et à me soigner (huile essentielle d'arbre à thé, baume de Pemba (qu'il m'a laissé jusqu'à ma guérison), crème hydratante pour mon nez irrité). Tout le monde au petit déjeuner (le même que d'habitude !), à 0h45, a affirmé n'avoir pas dormi.

Mais nous étions tous motivés.

A 1h25, nous sommes partis, en une longue file de frontales. Notre rythme était assez bon (environ 250m de dénivelée par heure, ce qui est pas mal à cette altitude), même quand cela est devenu raide. Nous allions doucement mais sûrement... jusqu'à ce qu'il se mette à neiger. Il ne faisait pourtant pas froid (je n'avais sur moi qu'un collant et pantalon, haut Icebreaker et polaire fine).

A ce même moment, le chemin est devenu plus technique. Il a même fallu mettre les mains ! Et ce fut après ce passage, alors que Pemba avait annoncé quinze minutes plus tôt que nous ferions demi-tour si la neige continuait de tomber au bout d'une heure, que Robin a annoncé que cela devenait trop dangereux et qu'il fallait redescendre.

Tout s'est passé très vite. J'ai juste eu le temps de comprendre que nous allions faire demi-tour, sans savoir d'où venait la décision (Budhbaar était aussi avec nous et les deux sherpas étaient en lien par radio avec Kunga, qui lui était beaucoup plus bas avec Tal).

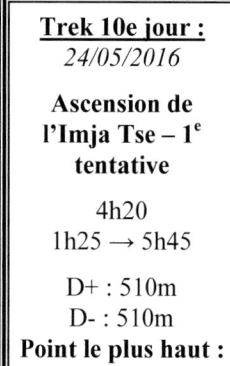

Trek 10e jour :
24/05/2016
Ascension de l'Imja Tse – 1ᵉ tentative
4h20
1h25 → 5h45
D+ : 510m
D- : 510m
Point le plus haut : 5569m (3h52)

Je me suis mise à pleurer.

Le passage technique, en descente, avec la neige, la nuit, a été assez difficile. Robin nous a fait mettre nos baudriers pour nous encorder, mais perso je suis passée sans, avec juste l'aide de Budhbaar qui veillait sur moi.

A peine ce passage fut-il franchi, et alors que les premières lueurs du jour apparaissaient, que la neige a cessé de tomber. Le ciel s'est éclairci.

Mais à ce moment, Kunga était déjà bien près du camp de base, Franck se sentait mal et est vite redescendu avec Fabrice et le porteur (ah oui il faut que je vous parle de lui !), et Pemba avait décidé de monter seul (pour vérifier les conditions du glacier ? pour aider le groupe devant nous qui continuait de monter ? je ne sais pas). Donc nous avons continué de descendre, et j'ai continué de pleurer.

Le froid est arrivé, j'ai presque mis toutes mes épaisseurs, surpantalon compris.

Nous avons fait une pause au lever du jour, face à la lune et aux montagnes, au-dessus du lac, dans cette pente qui paraît bien plus impressionnante de jour et avec la neige. C'était magique. Le moment idéal pour un hommage. J'ai accroché des drapeaux à prière pour Benjamin, et aussi pour nous porter chance, pour retenter de monter demain.

A ce moment, j'y croyais. Je le voulais. Je voulais retrouver l'esprit népalais de Benjam, dont une essence était certainement au sommet de l'Island Peak…

Au retour au camp, plus rien n'était certain. Nous avons beaucoup réfléchi, tous ensemble, pour savoir comment faire pour retenter le sommet. Il faut qu'on y retourne !

Au retour de Pemba j'ai cru comprendre qu'il avait voulu qu'on continue. Pourquoi n'a-t-il rien dit ? Ce qu'on a fait était stupide et dangereux. Si nous avions continué, nous aurions été au sommet, et à notre descente, le soleil (qui brille fort à présent) aurait fait fondre la neige, et tout ce serait bien passé.

Mais il est facile d'analyser les choses après-coup. D'après Robin, Pemba voulait aussi qu'on descende. Et puis nous ne savions pas s'il allait continuer de neiger (mais nous aurions pu continuer pendant encore quarante-cinq minutes comme l'avait dit Pemba, ou attendre sur place comme l'avait proposé Morten – il ne faisait pas très froid, personnellement j'avais plein de vêtements dans mon sac). Et il y avait Franck malade. En tout cas Robin voulait bien faire. Et il m'a beaucoup soutenu quand je lui ai expliqué pourquoi je pleurais, pourquoi il était si important que j'aille au sommet, où mon frère avait été la dernière fois qu'il est allé au Népal.

Revenons maintenant à cette histoire de porteur, qui m'irrite aussi. Hier la grande question était : avons-nous besoin de partir directement avec les chaussures d'alpinisme, étant donné que nous avons beaucoup à marcher avant d'être sur le glacier ? La réponse de Kunga a été de proposer qu'un porteur vienne avec nous pour amener les chaussures d'alpinisme et que l'on puisse partir en chaussures de trail ! Perso je suis partie avec mes « boots ». Car j'avais peur d'avoir froid sans, je pouvais marcher aisément avec (contrairement à ceux qui ont loué), et – surtout – parce que je n'adhère pas du tout au principe ! On est déjà assez assistés comme ça. Cela me fait penser à la Chinoise qui, en 2014, a grimpé l'Everest, mais en passant du camp 1 au camp 2 en hélico. A partir du camp de base, nous devrions être un minimum autonome pour faire valider notre challenge, non ?

D'autant plus que ce matin, sur la neige, marcher avec les petites chaussures craignait carrément !

Enfin, nous sommes tous rentrés sains et saufs, c'est le plus important. Et, pour prendre une décision pour la suite, nous attendons de connaître la météo pour demain. Nous en aurons une estimation* vers midi. Si la météo est bonne, ceux qui le veulent et se sentent assez en forme retenteront l'ascension. Les autres partiront cet après-midi à Chukhung. Puis nous nous retrouverons tous à Dingboche demain. Ce qui fera une longue journée pour nous ! Car je ne vous précise pas dans quel groupe je veux être...

11h

La décision a été prise. Le camp de base a été déserté.

Car les membres de notre groupe qui ont décidé de retenter l'ascension sont... Fabrice et moi. Tous les autres sont partis à Chukhung ! C'est Pemba qui nous mènera au sommet. Ça devrait être cool !

Donc le camp de base est maintenant – tout comme le sera notre expédition – franco-népalaise.

Demain nous ferons l'Island Peak !

Donc en attendant, me voici une journée de plus au camp de base. Je ne vous ai pas trop parlé de la vie dans un camp de base, mis à part de la bouffe (de ça je n'oublie pas d'en parler). Ici les tentes sont chouettes. Pas trop grandes ni trop petites. On peut rester papoter dedans des heures avec sa coloc' (avec mon nouveau sans doute moins, Tal est partie et Pemba est venu s'installer).

Moins agréables sont les toilettes. Nous avons une cabine avec un trou... sous lequel se trouve un grand sac poubelle. Dégueu' de chez dégueu' ! Actuellement le sac est plein, je vais faire mes besoins dans la nature. Je plains la personne qui doit changer le sac. Et qu'en fait-elle ?

La température varie beaucoup dans un camp de base : la journée on ne peut pas rester dans les tentes tant il y fait chaud, et la nuit on y gèle dans nos sacs de couchage. Non j'exagère, moi j'ai ma technique pour avoir chaud : je demande à faire remplir ma gourde de tato paani le soir et la mets dans mon sleeping bag, à mes pieds, comme une bouillotte !

La plus grande importance dans un camp de base est d'ailleurs l'eau. Elle est précieuse. Ici il faut aller la chercher à une heure de marche !

Mais la question qu'on se pose est : « que faire ? ». Actuellement je pense à une sieste. Je ne vais que peu dormir ce soir encore ... Demain j'espère atteindre le sommet. Ou au moins battre mon record ! Aujourd'hui nous n'avons même pas atteint l'altitude du Kala Patthar !

---

* Car ici il peut y avoir du soleil, du vent, de la pluie, de la neige, tout dans la même journée !

Chapitre 4 : L'expédition franco-népalaise

L'ascension sur la montagne a quelque chose d'éthéré, de surnaturel, de lumineux, qui vous enlève à la terre.
Théophile Gautier

Mercredi 25 mai   20h34   *Dingboche, Khumbu Resort – 4413m*

En ce 25 mai 2016, seules trois personnes ont été au sommet de l'Imja Tse, autrement appelé Island Peak : un Népalais nommé Pemba et deux Français nommés Fabrice et Elodie.
I did it ! Elodie l'a fait !
Youpiiiiii !
Cette « nuit » j'ai super bien dormi. Trop, même. Hier soir, Pemba et moi avons discuté quelques minutes avant de dormir, vers 19h et quelques. Je lui avais quand même demandé à quelle heure il se levait et si je devais mettre un réveil. Il m'avait répondu que quelqu'un viendrait nous réveiller à 0h30.

Pour la première fois depuis plusieurs nuits, je ne me suis pas mouchée une seule fois ! Et je me suis très vite endormie. Je me suis réveillée une première fois. J'ai regardé l'heure : 22h30. Je me suis rendormie. Quand je me suis réveillée une seconde fois, je me suis dit qu'il ne devait pas être loin de minuit et demi. Il était 1h40 ! J'ai réveillé Pemba, qui s'est levé en catastrophe. Le fait est que personne ne savait qu'il était dans ma tente, et qu'il n'avait pas entendu les porteurs et Fabrice l'appeler (moi j'avais mes bouchons d'oreille). Donc il m'a fallu moi aussi me préparer en 2-2 et vite petit-déjeuner.

Le camp de base était enseveli sous une fine couche de neige. L'expédition commençait mal.

Mais elle a commencé. A 2h13, nous sommes partis, avec trois quarts d'heure de retard. Pemba a tout de suite pris une allure plutôt soutenue. Au début, le sentier est relativement plat, donc pas de soucis. Mais quand il grimpe d'un coup, il est devenu impossible de suivre notre guide. Mais tant pis, il nous attendait.

Nous avons quand même atteint le point de retour de la veille en deux heures, soit en trente minutes de moins !

Pour en revenir sur ce triste événement (avant de passer l'éponge dessus), aujourd'hui Pemba nous a avoué qu'il ne pensait pas qu'un groupe de dix personnes, comme le nôtre, puisse aller en entier au sommet à temps. Donc je suppose que la raison pour laquelle il n'a pas insisté pour monter quand Robin a décidé qu'on descende est qu'il ne croyait de toute façon pas à la réussite de notre ascension.

Alors que je pense qu'il a apprécié d'y aller avec Fabrice et moi aujourd'hui. En tout cas il a été parfait : attentionné, patient, directif juste comme il faut, sympa et drôle. On a passé des moments supers !

Les conditions n'étaient pourtant pas meilleures que la veille. Il y avait bien plus de neige au sol (mais il ne neigeait pas). Mais nous avons continué, dans les rochers. On ne voyait pas le chemin, mais Pemba le connaît par cœur, et nous suivions les cairns qu'il a lui-même placés.

Le jour s'est levé un peu avant l'arrivée au glacier. Lorsque nous nous sommes équipés de nos baudriers et crampons (nous avions mis les casques plus bas, dans la partie rocheuse), il s'est mis à neiger ! Pemba a cette fois encore dit que s'il neigeait toujours au bout d'une heure, nous ferions demi-tour. Pour moi cela aurait été moins pire que la veille, car j'avais alors battu mon record d'attitude. Nous étions à 5848m !

Heureusement, la neige s'est arrêtée de tomber. Le ciel s'est dégagé et le soleil est apparu, tout comme les montagnes ! C'était magnifique, magique ! Le Nupse, l'Ama Dablam,… Nous avons même vu le Makalu (8463m) !

A ce moment, nous avons dû passer deux crevasses sur des échelles. Elles étaient très profondes. Quelle frayeur ! Et excitation surtout !

Fabrice traversant une crevasse sur une échelle, Pemba l'aidant à se tenir aux cordes (où Fabrice est attaché) en tirant sur celles-ci

Il y avait donc beaucoup de crevasses, de séracs, et d'énormes stalactites. Quel spectacle !

Puis nous avons traversé une plaine. Avec la neige fraîche, immaculée, dans laquelle nous avons fait nos traces, c'était incroyablement beau ! Nous avons fait une pause ici, sous le sommet. Nous commencions à fatiguer, notre allure devenant de plus en plus lente.

Pemba, Fabrice et moi, en pause avant le dernier – et plus gros – effort !

Mais le plus dur était à venir ! Une pente de folie, à monter par des cordes fixes. J'ai détesté ! Il fallait tirer sur les bras, et les miens n'ont pas beaucoup de force. Mon allure était terriblement lente, je m'arrêtais sans cesse pour souffler et trouver comment mettre mes pieds. J'avais presque envie de pleurer, pensant ne jamais en venir à bout. Mais je continuais.

Terrible montée par cordes fixes ! Je m'en souviendrai !

Après la dernière longueur, il ne reste plus qu'une crête à franchir. Le sommet est juste là, et pourtant il est si difficile à atteindre !
Je n'en pouvais plus.

La crête restante jusqu'au sommet

Mais j'y suis arrivée !

Le sommet est tout étroit, à peine la place pour nous trois. Comme j'étais la première arrivée (une question d'ordre entre nous trois, et non de capacité), je me suis assise, j'ai parlé à l'essence de mon frère Benjam restée ici, et j'ai pleuré. J'étais si heureuse ! J'en pleure encore. Je l'ai fait !

Pemba, suivi de Fabrice, est arrivé. Je l'ai fait pour Benjam, mais ce n'est pas qu'avec lui que j'ai partagé cette réussite. Au sommet, nos émotions – joie, jubilation, fierté, etc. – étaient fortes et partagées. Cette expédition restera ancrée dans ma mémoire pour toujours.

Moi au sommet, brandissant mon piolet qui ne m'a servi qu'à crâner sur la photo !

La descente attendra d'être contée. Je suis épuisée. Je vais me coucher. Suba raatri !

Trek 11e jour :
25/05/2016

Ascension de l'Imja Tse – 2ᵉ tentative… réussie !
+ Camp de base → Dingboche

14h12
2h14 → 16h26

D+ : 1093m
D- : 1787m

Mon record d'altitude (5672m) : 4h32 *(535m de dénivelée en 2h18)*
Sommet (6173m) : 10h04-10h30 *(501m de dénivelée en 5h32)*
Limite du glacier (5848m) : 12h13-12h37
Camp de base (5141m) : 13h55
Chukhung (4834m) : 15h21
Dingboche (4439m) : 16h26

Jeudi 26 mai   12h46   *Lobuche, Hotel Peak XV, salon du haut – 4992m*

Dans trois jours le marathon ! Je ne réalise pas. Il m'a toujours semblé loin. Le temps s'est accéléré. La preuve : j'ai pris du retard sur mes écrits.

Nous en étions donc au sommet de l'Island Peak. Revenons un peu en arrière. Aux cordes fixes. Nous avons mis du temps à les passer. Pourtant nous n'étions que trois. Kunga nous avait dit qu'il fallait sept heures pour monter depuis le camp de base. Et à trois nous avons mis presque une heure de plus ! OK, j'étais lente (je déteste les cordes fixes ! Heureusement Pemba m'a dit qu'il n'y en avait pas au Cho Oyu, qui est un sommet « facile », youpi !). Mais quand même. Sachant qu'il fallait attendre, passer chaque portion de corde seul, comment aurions-nous pu atteindre le sommet à temps à plus de dix ? Je ne sais pas comment l'organisation du marathon a réfléchi… Mais moi je suis finalement contente que nous ayons abandonné la veille. Même si c'est très égoïste de ma part. Car sans ce changement de plan Fabrice et moi n'aurions peut-être jamais été au sommet.

Or nous y avons été !

Nous sommes restés là-haut durant vingt-six minutes, le temps de prendre des photos, de pleurer et de crier notre joie. J'ai pensé à toutes les personnes qui m'ont aidée et soutenue. Je les remercie 1 000 000 de fois ! Sans elles je n'aurais pas pu réaliser ce rêve. Merci. Vous étiez avec moi là-haut à 6189m !

Le début de la descente, sur la crête, n'était pas facile, car avec la neige fraîche, je n'arrivais pas à bien planter mes crampons. J'ai glissé plusieurs fois, mais sans tomber bien bas, et en étant attachée à une corde fixe. Il n'empêche que j'ai eu peur.

Par contre, descendre la pente hyper raide avec les cordes fixes, en rappel, a été génial. J'ai adoré ! C'était tellement facile !

Le point négatif, pour moi, à ce moment, a été l'apparition de nausées. Je n'avais pratiquement rien mangé pendant la montée (une demie barre Clif, quelques bonbons et un abricot sec, en huit heures de temps et d'effort !). Je pense donc que j'étais en hypoglycémie. Et donc j'avais plus envie de vomir que de manger.

D'ailleurs, alors que Fabrice traversait la première crevasse, c'est ce que j'ai fait (vomir, pas manger) ! Mais heureusement, je ne me sentais pas trop faible. Et j'arrivais à manger des Blocks Clif (espèces de gros bonbons faciles à mâcher et très bons).

Nous avons donc franchi dans l'autre sens les crevasses et le glacier. Lorsque nous sommes arrivés au « crampons point », le temps avait à nouveau changé. Il ne neigeait pas, mais les nuages recouvraient tout. Nous avons enlevé baudriers, casques, crampons et surpantalon. Nous avons aussi consommé notre « lunch box ». Mais perso, je n'ai mangé qu'une demie petite bugne (je vous jure, nous avions des espèces de bugnes !).

A peine étions-nous repartis, à travers les rochers puis les cailloux (la neige avait fondu), que nous avons aperçu, grimpant à toute allure, notre porteur le plus rapide, Jamark (je ne sais pas si son nom s'écrit comme ça) un thermos à la main… et en chaussettes !

Nous avons donc eu une seconde pause, avec jus d'orange chaud (!!!) et pour moi le reste de ma bugne.

Pemba, Jammark et moi et mon orange chaud !

Et nous avons poursuivi la descente à quatre. A la demande de Pemba, Jamark a pris mon sac. J'étais confuse, ne voulant pas l'embêter et être assistée, mais comme je ne me sentais pas au top et qu'il nous fallait encore descendre jusqu'au camp de base, puis de là en « trois ou quatre heures de marche » encore jusqu'à Dingboche pour rejoindre les autres, je n'ai pas refusé. Parfois, il faut savoir reconnaître ses limites. Et l'ascension avait vraiment représenté un effort intense pour moi.

Du coup la descente a été très rapide (en trois heures vingt-six depuis le sommet !) et nous sommes vite arrivés au camp de base.

Mais il n'était donc pas encore temps de se reposer. J'étais épuisée, j'avais juste envie de m'allonger dans ma tente. Mais j'ai résisté. J'ai rangé mes affaires, même si cela aussi représentait un effort. Tellement que je ne me suis pas changé (seulement les chaussures, pour repasser à celles de trail).

Nous avons eu droit à une soupe aux nouilles (dont j'ai mangé le quart) avant de repartir… à vive allure !

14h02, après notre second (!) déjeuner

Au début je marchais comme un zombie. J'avais tellement envie de dormir que j'aurais pu le faire en marchant ! Puis Pemba m'a passé un peu de Coca-Cola. D'habitude je n'en bois jamais (ou un peu pendant les trails, coupé à l'eau). Mais quelques gorgées m'ont fait du bien. C'est ce qu'il me fallait.

Et c'est là qu'un autre sherpa-ange (c'est un pléonasme) est venu à notre rencontre : Budhbaar. Avec d'autres bouteilles de Coca ! J'en ai eu une pour moi toute seule.

Fabrice, lui, avait la frite. Il fonçait puis devait nous attendre (Pemba restant avec la pauvre petit Elodie toute affaiblie^^).

Ainsi, après avoir passé Chukhung, j'allais beaucoup mieux. Nous avons atteint Dingboche en deux heures trente depuis le camp de base !

On nous a accueillis en héros ! Notre arrivée était émouvante. Le plus ému était notre guide Kunga. Il nous a avoué avoir été inquiet. Moins d'un quart d'heure plus tard, il avait déjà récupéré des photos de Fabrice pour les publier sur Facebook !

Après avoir raconté notre périple et montré nos photos, je me suis sentie bizarre. J'étais posée dans le salon du lodge et je ne savais plus quoi faire. Je beuguais.

C'était fini. C'était fait.

Au dîner, j'ai pu assez bien manger. J'ai même eu envie du gâteau qu'on nous a servi pour célébrer notre réussite ! Mais je n'ai pas pu finir ma part (c'est donc que vraiment j'étais mal !).

Tal m'a passé son portable, et j'ai pu rassurer ma maman et mon chéri via Facebook Messenger.

Et puis le meilleur m'a été offert (enfin ça m'a plutôt coûté cher) ! Une douche ! Quel bonheur ! Tant pis pour mon budget.

Ce fut presque aussi bon qu'enfin se mettre au lit.

Je me suis endormie de suite. J'ai comaté. Mais me suis quand même réveillée à 5h ! Cette fois, j'ai fait la grasse matinée. Jusqu'à 6h30.

Ensuite, il a fallu que je trie mes affaires, car des sacs sont partis ce matin pour Namche avec ce dont nous n'avons plus besoin (le matériel d'alpinisme) et ce dont nous aurons besoin après la course. Car évidemment les porteurs ne feront pas le marathon avec nos bagages ! Donc nos sacs arriveront un ou deux jours après nous à Namche.

Mon dilemme a été : comment partager ma crème hydratante ? J'en ai besoin tous les jours. J'ai dû ruser, en en mettant dans la boite de pansements pour ampoules, qui eux se sont retrouvés en vrac dans ma trousse de secours. Je me demande si je ne courrai pas avec mon kajal (eyeliner naturel) dans mon sac de trail. Il m'est indispensable. J'étais maquillée même pour monter à l'Island Peak !

Bref.

Au petit déjeuner, j'étais affamée ! Mais j'ai préféré y aller bistare sur la nourriture, me sentant encore fragile. Je n'ai pas mis de beurre de cacahuète sur mon chapati (que dans mon porridge au muesli). Quand je pense au rapport calories dépensées/calories brûlées hier, je m'effraie. Il y a de quoi perdre trois kilos d'un coup ! Je me sens d'ailleurs flotter dans mes pantalons.

Cela dit, pas d'inquiétude (j'écris ça à l'attention de mon chéri qui m'a interdit de rentrer avec trois kilos de moins*), nous avons de quoi nous sustenter à longueur de journée.

Avant de partir ce matin, on nous a en effet donné un lunch pack, qu'on a consommé en cours de route, à Duglha, avec un citron chaud. Alors qu'on est arrivé à Lobuche à temps pour le repas de midi… que, du coup, on nous a servi !

Mais cette pause pour un premier déjeuner nous a fait du bien car il faisait froid ce matin. Le ciel était clair en partant mais s'est vite couvert. C'était presque la tempête !

Je me suis sentie triste en passant au mémorial (ensemble de chortens avec des drapeaux à prière) pour les personnes mortes sur l'Everest.

Mais c'est surtout en quittant Dingboche que je me suis sentie mal. Quand Kunga m'a demandé 1200 roupies pour la location du huit et de l'ascendeur empruntés à Chukhung ! Après la douche à 500 roupies et la participation de 80 roupies au cadeau de Kunga, il ne me reste que 550 roupies ! (Oui, oui, sur les 1000 pour le trek + 1000

Trek 12e jour :
26/05/2016
Dingboche → Lobuche
3h57
8h08 → 12h05
D+ : 659m
D- : 77m
4439m → 4992m
Pause à Duglha (4650m) : 10h-10h30

pour le retour à Kat'). Mais quand j'ai dit que je n'avais pas 1200 roupies, il n'a pas insisté. J'espère que l'histoire en restera là, que l'orga' du marathon m'en fera cadeau. Car quand même, en France, ce genre de matériel est toujours fourni gratuitement par le guide**, non ?

Mais une fois sur les sentiers, et malgré le temps, je me suis sentie bien (mis à part aussi quelques douleurs dans les jambes et aux pectoraux… au secours ! Je ne veux pas les muscler ! Raison de plus pour ne plus faire de sommets avec cordes fixes). Ceux-ci (les sentiers) sont déjà décorés de drapeaux et rubans rouges et orange, servant de balisage au marathon. Eh oui, J-3, déjà !

---

* On voit qu'il n'a jamais été en Inde, où j'irai après et où la nourriture est trop riche pour rentrer plus maigre.
** Je n'ai jamais eu à payer un guide, ayant toujours fait de la montagne avec mon père, et le Mont-Blanc avec un copain guide.

Vendredi 27 mai   14h57   *Camp de base de l'Everest, dans notre tente à Tal et moi – 5335m*

J'adore la vue depuis mon nouveau chez-moi ! Des tentes, des pics de glace tellement immenses que vus d'ici ils semblent être des montagnes, et des sommets magnifiques ! Et, de temps en temps, quelqu'un qui passe, genre un Népalais avec des bouteilles de Whisky !

Nous revoici donc dans un camp de base. Mais bien différent…

Cette nuit j'ai super bien dormi. Je commence directement par cette nuit car hier, rien de spécial ne s'est passé, à part qu'on nous a servi au dessert une espèce de crème au chocolat mais sans crème, comme un chocolat chaud très épais, délicieux.

Ah oui, et j'ai aussi regardé les photos de Benjam à l'Island Peak, et j'ai trouvé la pente aux cordes fixes bien plus blanche et lisse que sur nos photos. Sur celles où on les voit grimper, on a l'impression qu'ils montent un escalier bien raide, et non qu'ils font comme nous de l'escalade ! Du coup, j'ai montré les photos à Pemba, qui m'a confirmé que pour nous « yes it's more difficult ». Quelle arnaque ! Mais dans un autre sens, j'en suis fière !

Donc cette nuit j'ai bien dormi. Je ne me suis réveillée qu'une fois pour enlever la couverture au-dessus de mon sac de couchage car j'avais trop chaud. Par contre, il m'a été difficile quand je me suis réveillée à 5h d'en sortir tellement il faisait froid.

Ce matin, pas le temps d'aller courir ou de faire la grasse mat'. Le petit déjeuner était programmé à 6h, et nous sommes partis à 6h40.

Le temps était splendide ! Les montagnes étincelaient. Il y avait du monde sur la route. Je n'ai pas trop reconnu celle-ci, je ne sais pas si c'est à cause de ma mémoire défaillante ou si tout a bougé pendant le tremblement de terre (j'ai trouvé qu'il y avait beaucoup d'éboulis et de caillasse).

J'ai un peu mieux reconnu Gorak Shep mais il me semble que le « village » s'est développé.

Nous y étions à 9h05, retrouvant un grand nombre de marathoniens (ceux qui ne faisaient pas l'Island Peak). Avec Fabrice nous avons discuté avec la seule Française, qui s'apprêtait à descendre à Dingboche pour participer au semi-marathon.

Tenzing aussi va le faire, finalement. Il est venu jusqu'ici au camp de base mais est reparti juste après pour Lobuche, puis demain à Dingboche où débute le semi. Je suis super contente pour lui !

Comme nous sommes arrivés tôt à Gorak Shep, Robin, les Hollandais, Hernan et moi sommes montés sur le Kala Patthar. Mais pas bien haut car notre déjeuner était prévu à 10h30. Nous sommes montés juste assez haut pour avoir une vue incroyable sur Sagarmatha et le Nupse !

> **Trek 13e jour :**
> *27/05/2016*
>
> **Lobuche → Camp de base de l'Everest**
>
> 4h40 de marche
> 6h40 → 13h32
>
> D+ : 305m
> D- : 98m
> **4950m → 5335m**
>
> Pause à Gorak Shep (5150m) :
> 9h05-11h17
> dont
> **Montée au ⅓ du Kala Patthar (5340m) de 9h35 à 10h25**

Nous sommes repartis juste après le déjeuner pour le camp de base.

Nous avons traversé des étendues de pierre, et croisé plein de yacks et de porteurs descendant des affaires d'expéditions sur l'Everest.

Puis nous sommes arrivés sur le glacier, où le spectacle est devenu incroyable, fait de blocs de glace, de ruisseaux, de caillasse. Tout est irrégulier, ce qui rendra le départ de la course bien difficile (quand je pense que passer de ma tente à la tente mess est déjà un parcours du combattant !).

J'étais bien fatiguée en arrivant. Je glissais, je faisais rouler les pierres sous mes pieds, j'avais l'impression d'être bourrée. Quand Pemba m'a montré notre tente à Tal et moi, je me suis posée devant et j'ai beugué pendant une demi-heure. Avant de m'installer puis d'aller prendre quelques tasses de citron chaud dans une tente mess où se trouve des boissons en self-service. Cette tente est immense et contient des chaises comme celles des acteurs dans les studios de cinéma !

C'est fou cette organisation dans ce camp de base !

Ici je me sens vraiment bien. Je n'appréhende pas la journée entière à passer dans le camp demain. Ça va être cool ! Et puis le moment tant attendu arrivera !

Samedi 28 mai   10h39

Ça y'est il commence à faire trop chaud dans la tente, alors qu'on se gèle le derrière depuis hier soir.

Hier je suis montée sur une butte juste à côté de notre tente. De là je voyais tout le camp. Je suis restée pendant une demi-heure, à observer sa vie. J'espérais aussi repérer Diké, le sirdar de notre trekking en 2011, avec qui j'ai gardé contact et qui m'a dit qu'il serait au camp de base en même temps que moi. Comme il est difficile de circuler dans ce camp, il va être plus compliqué que je ne le pensais de le trouver, s'il est bien ici. Mais de mon perchoir, il doit être facile pour toute personne du camp de me repérer, alors je me suis dit que peut-être me verrait-il. Mais c'est Robin qui m'a vue et qui a grimpé pour me rejoindre. Il m'a demandé le nom de cette montagne. « Le Mont Elodie ? ».

Cet après-midi je retournerai sur le Mont Elodie.

Cette nuit j'ai trop bien dormi. Je suis trop contente car c'est justement la nuit d'avant-veille de course qui est la plus importante ! Je me suis couchée à 20h et ai dormi jusqu'à 5h30. Neuf heures trente de sommeil à 5335m ! Et sans rien prendre (pas même de paracétamol). Ça y'est, je suis sherpani.

Si les nuits sont paisibles depuis quelques temps, les repas ne le sont pas depuis que nous sommes là, à 30-40 dans la tente mess et avec un self-service un peu bordélique (on se bouscule sans arrêt !).

Par contre, la satisfaction par rapport à la nourriture surpasse celle à laquelle on s'attend dans un tel endroit ! Les choux-fleurs à la béchamel, ainsi que les pâtes et riz aux légumes, étaient délicieux !

Ce matin le petit déjeuner était assez similaire : au dîner niveau organisation, aux autres petits déjeuners niveau contenu.

A 10h, nous avions rendez-vous sur la ligne de départ, en tenue et avec nos dossards... pour un faux départ ! Juste pour prendre des photos derrière la ligne et sur les premiers 10m en courant.

On a trop rigolé. Maintenant je comprends pourquoi en regardant les photos des années précédentes sur Internet, j'étais surprise de voir que presque personne n'avait de sac !

Donc me voici prête. Je ne me change plus avant demain. Mon sac est presque prêt lui aussi. Il n'y a plus qu'à attendre le départ.

14h07

La chaleur n'a pas duré bien longtemps sous la tente. Le temps est vraiment bof aujourd'hui. C'est bête, je ne connaîtrais peut-être jamais la vue depuis le camp de base de l'Everest.

Depuis que nous sommes ici il y a eu trois avalanches ! Deux pendant la nuit (mais je n'ai rien capté) et une pendant notre simulation de départ (sous le Nupse).

Vers midi je suis retournée sur le Mont Elodie. J'ai observé. J'ai attendu. Et Diké est venu ! Comme dans mon plan, il m'a repérée et m'a reconnue. J'étais trop heureuse de le revoir ! Nous avons discuté durant trente minutes puis il devait repartir pour Gorak Shep. Depuis quelques jours il travaille comme porteur entre le village et le camp, pour redescendre du matériel d'expédition.

Car les expéditions sur le sommet du monde sont terminées. Demain, il ne restera plus rien ni personne ici. Jusqu'à l'automne.

Demain je reverrai peut-être Diké pendant le marathon, quand il reviendra au camp de base depuis Gorak Shep. J'aurai quelqu'un que je connais pour m'encourager, la chance !

Vivement que la course commence !

Chapitre 5 : Courir sous le toit du monde

Gagner ce n'est pas finir en première position. Gagner c'est se dépasser soi-même et transformer nos rêves en réalité.
Kilian Jornet

Lundi 30 mai   16h03   *Phakding, Namaste Lodge – 2800m*

Dimanche 29 mai 2016 – 4h – C'est la 4ᵉ fois que je me réveille depuis 1h du matin. Cette fois je ne me rendors pas. C'est le jour J. Je me sens en forme. Je me sens euphorique. Je me sens prête.

5h – Je commence à me préparer. Le ciel est clair, les montagnes incroyablement belles. C'est la première fois qu'on a droit à la vue depuis qu'on est au camp de base. Il fait froid mais j'adore le froid sec le matin, avec une fine couche de neige fraîche qui recouvre le sol. La matinée est magique !

5h30 – Je me rends au petit déjeuner. Les couverts sont gelés. Mais le porridge est délicieux.

6h – Je vais au départ pour encourager les deux membres de notre *team Island Peak* qui prennent le départ de l'ultra*, avec huit autres étrangers et six Népalais. On m'a demandé pourquoi je ne faisais pas l'ultra. Franchement, après l'ascension de l'Island Peak et à cette altitude, je n'étais pas sûre d'en être capable. Mais surtout, je trouvais le parcours « stupide ». Il passe dans la vallée de Gokyo, sans aller jusqu'aux lacs, pourtant magnifiques ! Quelle arnaque !

6h45 – J'ôte ma grosse doudoune et la mets dans mon sac, pour retourner avec mes compagnons sur l'aire de départ. Le soleil s'est élevé au-dessus des montagnes, nous permettant de profiter de ses rayons. Tout est parfait.

7h – Le départ est lancé. Je suis rassurée une fois le ruisseau traversé, trois mètres après la ligne de départ. Je commence directement par marcher, pensant avoir le temps de doubler. Il se révèlera que peu de femmes sont en fait parties devant moi.

---

* Qui fait 60km et qui n'est pas un ultra (= course d'au moins 80km) mais qui est même ici appelé « Extreme Ultra ».

Avec toute la caillasse, il faut faire attention où on met les pieds. Mais c'est plus facile quand le sol est gelé, finalement, car tout est figé.

Nous traversons le glacier du Khumbu, directement par des « plats népalais » (= légères montées-descentes-montées-descentes-etc.).

Une fois le camp de base traversé, sur la moraine menant à Gorak Shep, je vois Diké ! Il m'encourage, ce qui me motive tellement que je me mets même à courir un peu ! Mais sur le grand plateau de Gorak Shep, je marche.

7h52 – Premier ravito et point de contrôle à Gorak Shep. Je ne m'arrête que pour dire que j'ai perdu le bracelet avec ma puce. Déjà ! Cet incident s'est produit quand j'ai enlevé mon gant pour prendre (déjà !) un Dragibus. Je m'en suis rendu compte juste après et suis revenue sur mes pas pour le chercher, mais sans le trouver. « Pas de problème, continuez » me dit heureusement un bénévole.

Je continue donc, avec ma musique aux oreilles et un paysage grandiose devant les yeux. Mon lecteur mp3 s'arrête sans cesse. Pour l'instant j'arrive à le rallumer mais après quelques heures de course je devrais renoncer à la musique (à la playlist que j'avais fait pour l'Ultra-Trail Côte d'Azur Mercantour !). Tant pis, au moins je peux entendre les encouragements de toutes les personnes sur la route : trekkeurs, Népalais devant leurs maisons/lodges ou en déplacement entre deux villages, enfants qui rigolent.

8h35 – Lobuche. Je bois un peu d'eau au ravito et repars. Nous avons enfin une vraie descente ! Je m'amuse comme une folle, avant de passer sur le chemin que j'attendais : celui en balcon face à l'Ama Dablam... L'endorphine brûle mes veines. It's amazing!

9h43 – Me voici à Dingboche. Je ne m'arrête pas au ravito. Je pars dans la vallée de Chukhung, de l'Island Peak au sommet duquel j'étais quatre jours plus tôt ! Nous devons en effet effectuer là un petit aller-retour, une boucle rajoutée pour que le marathon ait bien la distance de 42km. Je croise à ce moment Fabrice, qui est sur le retour de la boucle et qui court au milieu des Népalais (!). Je croise aussi des filles et en profite pour deviner ma place : trois Népalaises, une étrangère, une Népalaise que je double tout de suite après. Je suis donc 5ème, 2ème étrangère !

Le chemin monte légèrement, juste assez pour empêcher de courir mais en ayant l'impression de ne pas avancer. Je ne vois pas la fin de cette boucle !

Mais celle-ci arrive et je peux courir au retour.

Je ne m'arrête encore pas au ravito de Dingboche, ne goûtant pas à la soupe proposée. Je préfère manger une 9bar.

Le plat népalais reprend, vite suivi par de la bonne descente comme j'aime.

11h09 – Je traverse Pangboche, le village que j'adore ! Ici je double même deux Népalais... et l'étrangère ! Je deviens 1ère étrangère !!!!

Le temps s'est couvert. Il pleuviote, même. Les montagnes sont cachées mais le paysage reste magnifique, grâce à sa végétation maintenant luxuriante à cette altitude, grâce aux jolies maisons du Khumbu, et grâce aux sourires des Népalais croisés. Je me sens si chanceuse de courir ici !

Je pénètre dans la forêt de Fondcombe, passe devant le lodge du même nom,... et commence à peiner. Je ne me souvenais pas que le chemin montait tant jusqu'à Tengboche ! Grimper me paraît dix fois plus dur que quand nous nous étions entraînés là à l'aller.

12h11 – J'arrive à Tengboche avec un air sans doute épuisé, vu comme s'inquiètent les bénévoles. Mais je leur souris pour les rassurer et continue.

Enfin une chouette descente, peu technique, à faire à fond ! Mais j'ai un point de côté. Heureusement et malheureusement, je croise là un immense troupeau de yacks ! Je suis obligée d'attendre durant au moins cinq minutes qu'ils passent ! Je me sens frustrée de perdre du temps, mais en profite pour respirer et masser mon point de côté. Ainsi, quand enfin je peux repartir, je cours beaucoup plus vite et sans douleur. C'est reparti !

Je m'étais préparée psychologiquement à peiner dans la longue montée qui suit. Tellement que finalement, je ne la trouve pas si dure. Elle n'est pas très raide, et pas si longue, et passe bien avec quelques Dragibus et phrases que je me ré-

---

Trek 15e jour :
29/05/2016

Camp de base de l'Everest → Namche Bazaar
=
MARATHON DE L'EVEREST

6h57
7h → 13h57

D+ : 915m
D- : 2607m
5225m → 3450m

Etapes :

7h52   0h52
Gorak Shep (5167m)
4,1km / 48m+ / 206m-

8h35   0h43
Lobuche (4947m)
4,3km / 63m+ / 281m-

9h43   1h08
Dingboche (4410m)
7,2km / 29m+ / 569m-

10h30   0h48
Dingboche (4410m)
4,5km / 174m+ / 174m-

11h09   0h38
Pangboche (4157m)
6,5km / 29m+ / 272m-

12h11   1h02
Tengboche (3934m)
3,8km / 188m+ / 412m-

12h39   0h28
Phunki Drengka (3419m)
2,4km / 10m+ / 522m-

13h25   0h46
A.D. View Lodge (3705m)
2,6km / 305m+ / 22m-

13h58   0h33
Namche Bazaar (3630m)
3,8km / 73m+ / 145m-

pète pour me motiver (par exemple : « la force ne vient pas des capacités physiques, mais d'une infaillible volonté » de Gandhi).

13h35 – Je passe devant l'Ama Dablam View Hotel. Je suis trop heureuse, je suis presque arrivée !

Le plat népalais reprend. Je cours, je marche, je cours, je marche,... Quand une trekkeuse me dit « félicitations » et non pas « bon courage », je me dis que la fin est proche !

Et soudain, après un virage, je vois le haut de Namche Bazaar ! Et juste après l'arrivée ! L'arrivée est en haut de Namche ! Quelle bonne surprise !

En quelques minutes, j'y suis !

Je franchis la ligne d'arrivée. Une Népalaise me remet un khata. Je regarde ma montre ; j'ai mis seulement 7h ! Je suis trop heureuse !

Tenzing est là, me félicite. Et puis j'apprends qu'il a gagné le semi-marathon ! Je suis trop heureuse pour lui ! Je vois Fabrice, et apprends qu'il a fini 2e étranger. Waouh ! Quelle équipe nous formons.

Je m'assois. Une Népalaise me donne du jus chaud. Pemba prend mon sac de trail. Tout le monde est aux petits soins ! On m'incite à aller manger. Le dhal bhat est délicieux ! Je le déguste même si j'avais pris la fin de ma barre Clif (entamée juste avant Tengboche) peu avant l'arrivée, ayant peur de faire de l'hypo après celle-ci.

Pemba m'accompagne ensuite au lodge et m'attend le temps que je prenne une douche. Quel bienfait ! Mais pas la remontée dans Namche pour retourner sur l'aire d'arrivée !

Car je ne veux pas louper mes compagnons !

J'arrive pile à temps pour voir Lorie franchir la ligne d'arrivée ! Un peu plus tard, c'est le tour de Bard, le père de Tenzing. Comme il nous dit avoir croisé Tal et Morten à Dingboche, quand lui avait fini la boucle, et eux la commençaient, Fabrice et moi nous disons avoir le temps d'aller dans un café de Namche pour avoir le Wifi.

Je ne regarde pas mes 218 emails, préférant me concentrer sur WhatsApp et Facebook. J'annonce mes victoires et discute avec mon chéri, mes sœurs et ma maman. Je suis tellement fière. Car j'ai appris mon classement en retournant à l'arrivée : je suis 4e femme, 1e étrangère*. C'est juste énorme ! Je n'en reviens pas, même si les autres membres du groupe ne sont pas étonnés, certains ayant prévu que je serais 1e étrangère (ah bon ?).

---

* De retour en France, je verrai que je suis exactement 4e femme sur 37, 1e étrangère sur 31, 42e sur 145 au total, 19e sur 109 parmi les non népalais.

Nous ne restons pas des heures au café. Il faut remonter (oooooh non !). Nous arrivons cinq minutes avant Tal ! Celle-ci passe la ligne avec le sourire. C'est moi qu'elle prend en premier dans ses bras. Je suis trop heureuse pour elle ! Elle dit avoir marché tout le long (elle ne s'était jamais vraiment remise de sa faiblesse post-maladie), mais peu importe ! Elle l'a fait !

Nous n'attendons pas Morten car il est l'heure du dîner. Cependant, notre compagnon arrive au lodge peu après nous, suivi par Robin, 3e étranger de l'ultra !

Hernan arrivera plus tard, quand je serai au lit.

Franck, lui, est à Lukla. Arrivant très mal au camp de base, il a dû en repartir tout de suite. Il n'a pas pu prendre le départ de la course. Je suis dégoûtée pour lui. C'est facile à dire pour moi qui étais déjà allée jusqu'à Gorak Shep et ne suis pas dans son cas, mais si je l'avais été, je pense que je serais restée à Dingboche en redescendant de Chukhung (où déjà il se sentait mal, rappelez-vous), pour me reposer et tenter de participer au semi-marathon. Histoire d'avoir mieux que rien…

19h30 – Les momos sont délicieux. Mais je suis épuisée et rêve de dormir ! Une heure plus tard, Morphée m'accueille dans ses bras.

I did it!

Trek 16e jour :
30/05/2016

Namche Bazaar → Phakding

5h20
10h15 → 15h35

D+ : 320m
D- : 1269m
3450m → 2596m

Pause à Jorsale
(2740m) :
12h08-13h16

Ce matin, réveillée comme d'habitude à 5h, je me refais la course dans ma tête en attendant 7h, heure correcte pour se lever pour un petit déjeuner prévu à 8h.

Les porteurs arrivent avec nos sacs peu avant 9h.

Nous sommes prêts pour le départ quand Bard me demande si je préfère partir de suite pour Phakding ou prendre d'abord un café et une pâtisserie dans Namche. A ces noms délicieusement harmonieux à mes oreilles s'échappe de ma bouche un long « mmmmm ».

– Ok, répond Bard avant d'éclater de rire.

– Why you ask me? réponds-je en riant aussi.

Et ainsi me retrouvé-je à déguster un expresso et une part énooooorme de gâteau au chocolat, payé (avancé) par Fabrice. Trop bon !

Ce second petit déjeuner nous donne des forces pour la marche qui nous attend. Aujourd'hui les montagnes sont couvertes mais tout est magnifique ! J'adore cette partie du Khumbu, si charmante : Jorsale, Phakding. Pourtant j'ai un pincement au cœur en quittant Namche. Je lui dis « à bientôt ! », bien sûr !

Il nous a fallu du temps pour revenir ici à Phakding. Nous sommes fatigués, surtout Tal et Morten.

Et dire que dans deux jours nous quittons le Khumbu ! Mais n'y pense pas, Elodie. Profite à fond. Dans un peu plus d'une heure, nous aurons Momos & Pizza, menu que *j'ai* commandé, à la demande de Kunga et avec l'accord de tous. J'ai hâte, j'ai trop faim aujourd'hui !

Mercredi 1 juin   14h50   *Katmandou, Hôtel Shanker, bord de la piscine*

Enfin la fête a commencé !

Lundi à Phakding nous avons bu des bières avant et pendant le repas, pour fêter nos performances et récompenser nos efforts lors du marathon. A la fin du repas, tout le monde – sauf moi ! – a pris un pancake au chocolat, en plus des fruits qu'on a eus en dessert. Moi j'avais déjà trop mangé, je n'en pouvais plus ! A chaque fois qu'on a commandé quelque chose, le Népalais qui tient le lodge – trop gentil et trop drôle – nous précisait « extra money », précisant par là que ces mets n'étaient pas inclus dans le menu initial pris en charge par l'orga' du marathon. Nous étions morts de rire, et lui hallucinait de nous voir tant manger. « It's the party » nous disait-il. Du coup, je lui ai demandé de nous mettre de la musique. Il nous a amené son portable avec de la musique népalaise, pas très emballante mais qui nous a bien fait rire. De quoi nous échauffer pour le lendemain soir !

Trek 17e jour :
31/05/2016
Phakding → Lukla
Entre 2 et 3h
D+ : 391m
D- : 189m
2596m → 2800m

Le lendemain matin (hier, quoi) était un peu moins drôle car c'était notre dernier jour. Mais j'ai essayé d'en profiter un maximum, observant le paysage (pas les montagnes, encore une fois couvertes), humant les odeurs népalaises, me réjouissant en passant dans chaque hameau.

J'étais quand même contente en arrivant à Lukla, pas seulement parce que je retrouvais mon village adoré, mais aussi parce que j'étais fatiguée, malgré la petite demi-journée de marche.

Au Bouddha Lodge, nous avons eu le droit de commander chacun notre repas ! J'ai pris un dhal bhat, délicieux.

Puis je suis allée me poser dans notre chambre (luxueuse ! avec des toilettes et une douche !) finir d'écrire mes cartes postales.

Tal m'a ensuite motivée à sortir avec elle dans le village. Son objectif : manger des pâtisseries ! J'ai un peu objecté, mais ma peur de grossir et ma gêne quand Tal m'a proposé de payer pour deux ont cédé face à ma gourmandise et à l'enthousiasme de mon amie.

Nous sommes entrées dans le European Bakery et Tal nous a commandé… quatre pâtisseries ! Deux parts énormes de gâteau au chocolat (deux différents), une d'apple pie et une de carrot cake. Elle a mangé un peu plus de la moitié de tout ça, mais quand même, j'ai fait une overdose de sucre !

Cette overdose nous a monté à la tête, et nous sommes rentrées en rigolant comme des folles au lodge. Il était alors l'heure de distribuer les primes et cadeaux à nos accompagnateurs. Je me suis arrangée avec Fabrice, lui donnant ma part en euros, avec un surplus pour le café+pâtisserie qu'il m'a payés la veille (et il y avait encore un peu trop, qu'il m'a remboursée en m'offrant un cocktail au bar le soir). Nous avons donné chacun 50$ à partager entre porteurs, guide et Sherpas + 40$ de Fabrice et moi pour Pemba, pour l'Island Peak.

J'étais contente de pouvoir donner quelques tee-shirts reçus sur des trails. Par contre, j'ai été déçue qu'on ne partage pas ensemble le dîner avec les Népalais, comme cela avait été le cas lors de mes précédents trekkings. Nous sommes restés encore une fois entre nous. Je me suis contentée de momos, mais nous avons eu en dessert encore un nouveau gâteau ! Pour célébrer la fin du trekking et du marathon…

Pour encore plus le célébrer, nous sommes tous (sauf Bard qui ne se sentait pas très bien) sortis, avec Pemba, faire la tournée des pubs de Lukla* !

Dans le premier, où nous nous sommes juste posés pour boire (rhum-orange-ananas pour moi), j'ai eu un coup de cafard en pensant au lendemain. Je ne voulais tellement pas partir !

Dans le deuxième, certains ont joué au billard.

C'est dans le troisième qu'enfin on a dansé ! Enfin, plutôt, au début, que *j'ai* dansé. Seul Fabrice a fini par me rejoindre sur la piste.

Mais quand nous sommes retournés dans le deuxième pub – et alors qu'il ne restait du groupe que Tenzing, Tal, Pemba, Fabrice et moi – nous avons tous dansé ! Sur toutes…

16h22 *chambre 716, devant des clips indiens*

J'ai dû arrêter d'écrire car mon stylo acheté à Namche Bazaar a mouru.

Je disais donc que nous avons dansé sur tout type de musique, de la techno au R'n'B en passant par de la musique népalaise. Et j'ai demandé la chanson indienne « Oh la la » bien sûr ! C'était énorme !

---

* Il y en a trois.

En rentrant au lodge, nous avons rejoint un des organisateurs du marathon avec un groupe de Népalais et « étrangers » qui parlaient fort autour d'une table bondée de cannettes de bières ! Mais je ne suis restée que cinq minutes, car, sans danser, je tombais de sommeil !

Mais la fête n'est pas finie ! Demain soir on remet ça ici à l'hôtel Shanker !

Il a donc fallu rentrer, et pour moi cela a été bien moins drôle. Bien que nous ayons eu une chance pas croyable ! Ce matin il faisait beau (ce qui n'est pas arrivé depuis un petit moment), et nous avons pu rentrer en avion. J'aurais tout fait : aller en avion, retour en hélico (en 2011), aller en hélico, retour en avion (2016).

Le décollage fait bien peur, sur la minuscule piste en pente ! Mais ensuite, nous avons pu admirer les sommets, dont l'Everest et une magnifique montagne que j'ai su plus tard être le Gauri Shankar.

Il ne devait pas être plus de 10h quand nous sommes arrivés à l'hôtel Shanker. Comme il nous fallait attendre durant une heure trente avant d'avoir nos chambres, personnellement je me suis posée dans le jardin vers la piscine.

Cinq minutes plus tard, Bard arrive et m'annonce que nous avons droit au petit déjeuner de l'hôtel ! Je m'empresse de ranger mes affaires pour le suivre. C'est parti pour un brunch d'enfer !

Seul bémol, on nous fait signer une addition à la fin ! J'avais compris que le petit déjeuner nous était offert. On verra ; pour l'instant je n'ai rien payé. A 1200 roupies, soit 10€ le buffet à volonté, ça vaut quand même le coup, sachant que cela fera aussi mon déjeuner.

Je n'ai pas encore changé d'argent, il ne me reste que 90 roupies !

Mais pour l'instant j'ai la flemme de quitter l'hôtel. J'ai plutôt trié mes affaires, entre celles que j'embarque en Inde, dans mon sac à dos, et celles que je confie à Fabrice, dans mon sac de voyage, et qu'il emportera en France. Car pas question de trimballer crampons et piolets dans mon pèlerinage !

Puis j'ai fait une lessive à la main, avant de prendre une longue douche et m'épiler. Tout ceci m'a pris déjà quelques heures !

Demain, j'aurai toute la journée pour faire du shopping dans Thamel, poster mes cartes et réserver un bus pour Lumbini. Pour l'instant, mon esprit n'est pas prêt. Il est toujours dans le Khumbu. Vivement que j'y retourne ! Encore et encore…

Jeudi 2 juin   13h25   *Garden of Dreams*

J'ai perdu ma team…

Hier soir je suis sortie manger avec les autres. A cette occasion, nous avons retrouvé un membre : Franck ! Revenu dans la capitale deux jours avant nous.

Nous sommes allés dans un restaurant conseillé par Samir. Un vrai truc à touristes, assez cher (mais pas exorbitant non plus), avec spectacle de danses traditionnelles népalaises et tibétaines. C'était plutôt sympa, et les plats étaient bons. J'ai pris le traditionnel lassi+momos, ne suivant pas Fabrice, Tenzing et Morten qui ont choisi le dhal bhat, servi dans des plats à l'ancienne. Hernan a pris un plat épicé, et Franck… une pizza.

Puisque je suis en plein dedans je continue dans la nourriture en avouant que je me suis goinfrée au petit déjeuner. Mais je n'ai mangé depuis qu'une banane (piquée au buffet), et ne mangerai rien d'autre (à part peut-être une seconde banane) jusqu'au repas de la fête de ce soir.

Ce matin, après avoir changé mes euros restant à la réception de l'hôtel, je suis allée dans une agence pour réserver mon bus pour demain. J'avais repéré une compagnie de bus sur Internet, Greenline, dont l'agence d'après Google Maps se trouvait non loin de l'hôtel. Je m'y suis donc rendue mais il s'est trouvé que Greenline est apparemment aussi le nom d'un magasin d'alcool ! Pas grave, il y avait des petites agences juste à côté, et dans l'une d'elle, un gentil monsieur m'a vendu (à 700 roupies seulement) un ticket pour Lumbini, en m'expliquant bien tout.

Départ demain à 6h ! Je ne vais pas pouvoir accompagner Fabrice à l'aéroport avec ma valise. On a regardé sur Internet s'il pouvait prendre un bagage supplémentaire et apparemment il faut payer le supplément au poids. Et c'est cher. Je vais en avoir pour 200€ ! Mais je n'ai pas vraiment le choix. Je vais devoir payer ma liberté…

Une fois cette mission accomplie, direction Thamel. Quelques achats, pour lesquels j'ai bien négocié les prix (je ne pense pas m'être fait trop arnaquer… une des vendeuses côtoyées a même tiré la tronche en acceptant mon prix, c'est dire !), et c'est là qu'avec plaisir j'ai retrouvé le groupe.

Je ne suis pas restée longtemps avec lui car je devais accomplir ma troisième mission : poster mes cinquante-neuf cartes !

Premièrement : trouver la poste. Elle est plutôt loin. Mais je ne me suis pas perdue.

Deuxièmement : trouver le bon stand dans la poste. Faire la queue. Se faire passer devant. Rester zen. Se faire envoyer à un autre stand. Faire la queue encore (heureusement, il n'y avait pas grand monde).

Troisièmement : expliquer qu'on a cinquante-six cartes pour la France, une pour la Lituanie, une pour l'Angleterre et une pour la Suisse. Recevoir cinquante-neuf timbres à 35 roupies l'un (pas cher !).

Quatrièmement : coller tous ces timbres un par un. Pour cela, je me suis posée dans ce que j'ai cru comprendre être la salle du personnel. Mais personne ne m'a virée.

Cinquièmement : trouver où donner les cartes timbrées. Regarder l'employé mettre les tampons et ranger les cartes. Pour être sûre.

Combien de temps pour ces cinq étapes ? Une heure, pas moins !

Je devais ensuite rejoindre les autres au Garden Of Dreams, où Tenzing voulait manger. Je suis arrivée à l'entrée du parc, ait renoncé à « renoncer à entrer à cause du prix », ai payé 200 roupies, mais n'ai vu personne. Soit ils sont déjà venus, ont mangé et sont repartis, soit ils ont changé d'avis, soit ils ont prolongé le shopping et ne sont pas encore arrivés. Peu importe ! C'est joli et paisible ici. Le parc porte bien son nom. Il n'y a pratiquement que des Népalais, beaucoup jeunes et pas mal en couple. C'est chou. Je vais squatter un peu et... on verra !

J'ai hâte d'être à la fête ce soir !

14h50 *Dans ma chambre*

Quel choc en quittant le Jardin des Rêves, de retourner dans la foule et la circulation de Kat' ! Mais il suffit de s'y laisser glisser. Une fois qu'on s'y est adapté, on peut se laisser griser !

18h12

Pendant que Tal se maquille, je regarde le descriptif de l'ascension du Cho Oyu sur le site de Terdav. C'est fou, au camp de base, ma copine semblait perdue. Ici elle revit. Elle est dans son élément.

Je ressens exactement l'inverse...

Vendredi 3 juin   **6h26**   *Gombayu bus Terminal, bus n°363/8373, seat B8*

Départ imminent pour Lumbini ! De nouvelles aventures commencent !!! C'est reparti comme pendant mon Tour du Monde ! Je redeviens celle que je suis sensée être.

Statues de Bouddha en bas des escaliers menant à Swayambunath

La team en chemin vers l'Island Peak, qui nous attend au fond de la vallée

Mon marathon de l'Everest

Partie 2

Pèlerinage bouddhiste

Chapitre 6 : Où naquit Siddhartha

Quel que soit le nombre de saintes paroles que vous lisez, que vous prononcez, quel bien vous feront-elles si vos actes ne s'y conforment pas ?
Siddhartha Sakyamuni

Vendredi 3 juin   18h54   *Lumbini, 365 Restaurant*

Après 10h10 de trajet en bus, je suis arrivée !
Ici tout ressemble tellement à l'Inde que j'ai presque l'impression de ne plus être au Népal. Quand je pense qu'il y a une semaine, j'arrivais au camp de base de l'Everest ! Ici je meurs de chaud. Dépaysement total !

Mais faites comme si vous n'aviez pas lu les paragraphes précédents, et comme si vous n'en étiez pas encore à cette partie du livre. Car je n'ai pas fini de vous conter mes challenges pour AMTM, mon aventure avec l'organisation du Marathon de l'Everest. Ceux-ci se terminent avec la très attendue soirée de clôture…

Nous avons quand même des points communs avec Tal. Nous aimons toutes les deux les jolies robes et les chaussures à talons. Evidemment, je n'avais rien de tout ça pour venir au Népal. Mais Tal, si, bien sûr. Elle a pu me prêter de quoi me vêtir pour la soirée. Elle m'a même passé du vernis à ongle !
Commencer le récit d'un pèlerinage bouddhiste par des faits si superficiels ne me rend pas tellement fière de ce livre…
A 19h et quelques, nous étions parées pour la soirée !
Mais je suis un peu mitigée quand à celle-ci. Il était d'abord trop chouette de rejoindre notre groupe, de boire un coup ensemble. On a vraiment créé de liens forts, et je me sentais même triste, dans le bus pour Lumbini, de les avoir quittés.

Mais ensuite, il y a eu une interminable série de discours. Déjà qu'en temps normal, quand il y a du brouhaha, je ne comprends rien. En plus, je ne pige pas bien l'anglais. Alors de l'anglais dans du brouhaha, laissez tomber. Je n'ai pas compris, mais alors, *pas un* seul mot ! Mais personne n'a compris, tellement le son était mauvais.

Quand les boum-boum ont remplacé les blablas, j'ai revécu ! Mais c'est là que j'ai commencé à prendre les mauvaises décisions.

Tal m'a fait signe de la suivre « vers une autre fête ». Mais en réalité nous étions juste invitées à boire un verre avec un des organisateurs dans le bar à l'étage. C'était sympa mais j'avais envie de danser. Heureusement, nous sommes assez vite redescendues. Il y avait alors du monde sur la piste de danse, que nous avons rejoint. C'était trop cool, à part que notre team avait disparu !

A nouveau j'ai suivi Tal vers un nouveau comité VIP, au bord de la piscine. Sans musique, mais avec une Népalaise super sympa qui parle français et avec qui j'ai discuté, m'évitant de mourir d'ennui.

Quand nous sommes retournées sur le dancefloor, nous n'avons pu danser que cinq minutes avant que la musique change, passant d'une excellente techno à du R'n'B un peu trop mou. Je suis montée me coucher.

C'est là que j'ai vu un message de Fabrice sur mon portable (que je n'avais pas pris), me prévenant que le groupe était parti au buffet dans la salle de resto.

…

J'ai loupé un buffet !

Moi qui étais affamée ! J'étais dég'. Mais encore plus d'avoir manqué des moments avec les autres. Je m'en fous, moi, des VIP*, je préfère mes amis…

Cela dit j'ai quand même passé une bonne soirée, avec Tal. Et des personnes m'ont félicitée pour mon classement, ce qui m'a fait plaisir.

Ce matin, j'étais à la réception moins d'un quart d'heure après mon réveil, prête à partir. Evidemment, on m'a demandé de payer le petit déjeuner de l'avant-veille. Mais je ne m'en suis pas trop mal sortie car – on me demandait aussi de régler des notes de Tal, dont ses massages et room services, qui étaient à mon nom (!) mais pour lesquelles j'ai réussi à faire comprendre qu'elles n'étaient pas de moi – j'ai pu avoir un café gratuit** en attendant le taxi que j'avais fait appeler.

J'étais largement en avance au terminal de bus.

Des Népalais m'ont aidée à trouver le mien (de bus). Du coup, j'avais le temps d'acheter du pain de mie, et de me faire des tartines de beurre de cacahuète en attendant le départ.

A 6h30, je disais au revoir à Kat'.

A bientôt, plutôt***.

Dès la sortie de la capitale, nous nous sommes retrouvés sur une route de montagne. J'ai halluciné en voyant la file de camions et de bus sur ces petites routes ! Nous avons même eu des bouchons ! Je pense qu'ils

---

* Même si les organisateurs du marathon de l'Everest sont vraiment très sympas.
** Enfin normalement j'avais droit à un petit déjeuner ce matin ! Mais à 5h, impossible, bien sûr…
*** Voir l'épilogue.

sont causés par certains virages dans lesquels il est difficile pour deux camions de se croiser...

Mais si le trajet était long et lent, il n'était pas désagréable. J'ai admiré le paysage et la végétation de plus en plus luxuriante, j'ai profité de la musique indienne diffusée à plein volume dans le bus, et j'ai même dormi, un peu.

Cela dit, j'étais contente d'arriver !

A Lumbini, au bord du site bouddhiste où on m'a posée, j'ai choisi une guesthouse au pif. A 600 roupies la nuit avec salle de bain dans la chambre, Wifi gratuit, ventilateur au plafond et moustiquaires aux fenêtres. Pas mal.

La mauvaise surprise a été de découvrir le chocolat qu'il me restait tout fondu ! Deux tablettes ! Mais je les ai mises sous le ventilo. J'espère qu'elles durciront un peu pendant la nuit...

Pour me consoler – et parce que j'en rêvais ! – j'ai pris une bonne douche froide ! J'étais pleine de sueur et de poussière.

Bon, mes momos sont prêts, juste quand j'ai fini de tout raconter. Place au momos, puis au dodo.

Et à de nouvelles aventures dès demain !

Samedi 4 juin   15h26   *Mahima Guesthouse, chambre 103*

Mon pèlerinage commence...

La reprise de la course à pied aussi. Mais ce matin, elle a été difficile, à 7h. Je n'ai couru que 45 minutes, et il m'en a fallu 30 pour m'en remettre ! La douche froide n'a pas suffi, je me suis plantée sous le ventilateur, mouillée, mais sans sécher car je me remettais à transpirer. Je n'ai pas arrêté de la journée ! D'après la météo il fait 39°C aujourd'hui.

Demain je partirai courir plus tôt et avec mon sac de trail équipé de ma poche à eau. Car j'ai trouvé un parcours sympa, avec une petite route sans voiture (que des vélos et motos) et bitumée au départ seulement. Elle passe dans des petits villages. Inutile de vous préciser comment me regardent les villageois ! Ils ne doivent pas voir souvent des Européennes traverser leurs villages en courant (surtout par 39° !).

J'ai trouvé, tout en courant, que le paysage ressemblait beaucoup à celui de Bodhgaya.

Une fois remise, je suis partie visiter le site de Lumbini. Celui-ci est très étendu. J'ai compris pourquoi les sites Internet conseillent de louer un vélo, et pourquoi j'ai croisé beaucoup de touristes qui le suivaient (le conseil). Moi j'ai tout* fait en marchant, au prix de sueur et de trois litres d'eau consommés !

J'ai d'abord vu un temple népalais, très peaceful, puis le lieu exact où Siddhartha est né, où un grand temple tout blanc a été construit. C'était émouvant. Et ce lieu est très paisible et empli de ferveur religieuse et de spiritualité. Il est le premier site sacré du bouddhisme au Népal et en Inde.

> *Un jour, en 563 avant J.C., la reine Maya, dans le jardin de Lumbini, donna naissance à un fils, qu'elle et le Roi nommèrent Siddhartha.*
>
> *Le prince grandit, se maria et eut un fils. Il vécut dans le luxe et à l'abri du monde.*
>
> *Mais un jour, il quitta le palais, et fut confronté à trois événements qui lui firent découvrir la souffrance causée par la maladie, par la vieillesse et par la mort.*
>
> *Voulant chercher remède à ses maux, Siddhartha, à l'âge de 29 ans**, quitta sa famille, son fils, son palais et tous ses biens, pour une vie de sâdhu, faite d'errance et d'ascétisme...*

Après avoir profité un moment de la place, m'assoyant sous un arbre face au temple, à côté d'autres touristes (tous népalais et indiens !), de pèlerins et de méditants, j'ai longé le canal qui coule au centre du site, jusqu'à l'autre bout de celui-ci, en loupant le passage pour voir les temples qui se trouvent légèrement reculés à l'ouest. Du coup, comme je me suis retrouvée au milieu des bouis-bouis, que j'étais fatiguée, assoiffée et que j'avais faim, je suis entrée dans l'un d'eux. La jeune et gentille Népalaise m'a demandé si je voulais un petit déjeuner ou déjeuner (il était 10h30 !). J'ai répondu « déjeuner » et elle m'a proposé un dhal bhat, accepté et qui s'est révélé délicieux ! Il ne m'a coûté que 130 roupies, avec une bouteille d'eau ! C'est le prix de la bouteille seule en montagne.

Plus en forme, je suis allée encore plus loin, jusqu'au Stūpa, ou plutôt Dagoba, car japonais. Très beau !

Puis retour en arrière et cette fois j'ai pu voir les temples « de l'ouest », tous bouddhistes bien sûr, mais de toutes nationalités : indienne, népalaise, tibétaine, japonaise et même française ! Certains sont en reconstruction, car le séisme a aussi fait des dégâts ici.

J'ai terminé par le temple chinois, magnifique.

---

* Enfin pas tout à fait, je me garde une partie à visiter pour demain.
** Mon âge !

A ce moment, j'étais si fatiguée (j'étais partie il y a plus de quatre heures, en marchant presque tout le temps) que j'ai été tentée de rentrer en tuk-tuk. Mais je me suis motivée et suis rentrée à pied.

En arrivant à la guesthouse, morte de chaud et de fatigue, je me suis mise en maillot de bain avant de m'allonger sur le lit... pour dormir une heure !

Je me suis réveillée vaseuse. Du coup, je me suis fait un goûter avec le pain de mie qu'il me restait (que j'ai mangé aussi au petit déjeuner avant d'aller courir) et du beurre de cacahuète. Maintenant je vais mieux. J'ai lavé ma tenue népalaise et j'ai geeké.

Suite du programme : recopier le récit de mon ascension de l'Island Peak sur Facebook pour le faire partager avec tous. Car pour l'instant je ne veux plus bouger. La chaleur m'éreinte !

19h10   *Three Vision Restaurant...*

... où je me suis octroyé un lassi et un vegetable paratho (chapati aux légumes).

J'ai décidé de ne pas boire d'alcool jusqu'à après les 80km du Mont-Blanc (pendant trois semaines, donc, encore, comme avant le Marathon de l'Everest). Premièrement pour être au top pour cet ultra-trail, et deuxièmement parce qu'il ne faut pas boire pendant un pèlerinage. Facile ? Evident ? Dans deux jours je serai à Bodhgaya, où, la première fois que j'y étais, m'y étant fait des amis, l'ambiance avait été plus festive que spirituelle.

Dans deux jours, Bodhgaya !

Dimanche 5 juin   9h46   *Sur un pont au-dessus du canal du site sacré*

Ce matin, il a été beaucoup plus facile de courir ! La température était plus supportable qu'hier. Pas seulement parce qu'il n'était que 5h45, mais aussi parce que le ciel était couvert et qu'il y avait un peu de vent. J'avais aussi mon sac de trail avec de l'eau, ce qui était appréciable, même si je devais paraître encore plus étrange aux autochtones !

J'ai suivi le même chemin mais en allant plus loin. J'ai couru pendant une heure cinq, et ai même fait ensuite cinq minutes de gainage !

La douche a été trop bonne, de même qu'enfiler des vêtements propres. Ensuite, direction le 365 Restaurant. Pour un bon café et des pancakes bananes-chocolat-miel à tomber !

Avec tout ça j'étais au top pour repartir marcher.

Je viens de visiter d'autres temples bouddhistes : thaï, bangladeshi, sri-lankais, birman. On voyage, ici ! Il ne me manque que le temple coréen. Ensuite, je pense retourner au premier temple – népalais – que j'ai vu hier, very peaceful et juste à côté du lieu de naissance de Siddhartha, un bon spot de méditation (j'ai même amené mon moulin à prière portable !).

Jusqu'à maintenant le site était très paisible car il n'y avait encore personne. Je suis vraiment heureuse d'être ici !

13h40   *Guesthouse*

Le temple coréen, juste à côté du temple chinois, était en construction donc vite vu. J'aurais pu y aller hier, cela m'aurait pris trente secondes. Mais tant pis – ou tant mieux –, j'en ai profité pour retourner au temple chinois, vraiment beau et zen. Et puis, en fait, il y en avait d'autres encore dans les parages : un complexe népalais, avec monastère, temple, stūpa et moulins à prières. Grandiose !

Puis je suis donc retournée au premier temple, indien en réalité (du Bihar où je serai bientôt). Dedans, un moine m'a invitée à m'asseoir, et j'ai médité, sous le regard de Bouddha, et à côté du point précis où il est né. Puis le moine m'a mis une ficelle autour du cou en récitant une phrase incitant à suivre les enseignements de Bouddha. Après une petite donation de ma part, il m'a donné une « bonne image » (lol), avec la même incitation. Une expérience dont je me souviendrai !

J'ai encore flâné quelques minutes dans le coin avant de rentrer… manger des momos et boire un café (et faire ma geek) dans mon deuxième resto préféré (le Three Vision Restaurant… de toute façon les restos ne sont pas nombreux ici) !

J'ai aussi regardé comment aller à la frontière indienne demain. Dans mon programme, j'ai écrit « bus pour Sunauli (la frontière) », mais d'ici il n'y a pas de bus direct. Et en taxi, cela coûte plus de 1000 roupies. Donc, comme j'aurai le temps (mon train à Gorakhpur, à trois heures de la frontière côté indien, n'est qu'à 22h !), je pense prendre un bus pour Bairawaha, puis de là un taxi. Cheaper solution ! Et plus aventureuse !

17h

Je ne suis ressortie que pour retourner au mini supermarket où je suis allée ce midi pour acheter du pain de mie pour ce soir et demain matin (et pour goûter et peut-être demain midi ou soir). J'y ai acheté un coupe-ongle et des échantillons de shampoing. Soixante-deux roupies le tout ! Ici tout est moins cher qu'à Kat'. J'ai donné 65 roupies au vendeur, qui m'a remboursé… trois bonbons !

Lundi 6 juin   13h48   *Gorakhpur, gare, quai n°1*
India!
Eh oui me voici en Inde ! Je suis trop heureuse !
Crazy pays, mais je l'aime.

Ce matin, afin de pouvoir retourner une dernière fois dans le site sacré de Lumbini, et pour pouvoir faire mon jogging matinal, j'ai fait un tour dans le complexe (tour du temple Maya Davi, où Siddhartha est né + aller-retour le long du canal) en courant.

Il n'était que 6h. Tout était calme. Je n'ai pas pris ma musique, bien sûr. Et j'ai marché en passant à côté de *mon* temple (celui du Bihar). Je n'ai pas pris d'eau non plus, car je n'ai couru que durant trente minutes.

J'ai ensuite tout enchaîné : douche, petit déjeuner, préparation du sac, méditation, étirements... Et je ne tenais plus, je suis partie. Il n'était même pas 8h !

J'ai eu un bus de suite pour Bairawaha. En descendant, des chauffeurs me sont tombés dessus en me proposant diverses directions, dont Sunauli. C'était des chauffeurs de tuk-tuk ! Des rickshaws, avec vélo ! J'étais dubitative, pensant que la frontière était assez loin, mais j'ai accepté. Deux cent roupies seulement pour faire suer un cycliste me traînant avec mon sac, pour me mener tranquillement dans mon pays... l'Inde !

Avant de faire tamponner mon visa népalais pour ma sortie, j'ai changé 6500 roupies des 6550 qu'il me restait (contre 3700 roupies indiennes) et j'ai dépensé 45 pour avoir deux bananes, une mangue et une bouteille d'eau.

Côté indien, un agent m'a dit qu'il me fallait marcher sur un kilomètre pour arriver au poste d'immigration. Un kilomètre hallucinant dans les déchets, sur une route en terre à côté d'une file de camions se rendant au Népal, sous les klaxons et avec comme paysage des maisons à moitié en ruine. Pas très accueillant tout ça !

Mais les Indiens le sont, heureusement. L'un d'eux m'a indiqué – sans que je ne demande rien – où trouver un bus pour Gorakhpur (face au poste d'immigration). Donc, une fois mon visa indien (obtenu en France avant mon départ) tamponné, j'étais à nouveau dans un bus.

Au bout d'une heure, enfin, une (més)aventure ! Le bus s'arrête. Les gens sortent. Une pause ? (Nous sommes pourtant nowhere). Non. Une roue crevée. Aïe. Nous attendons.

Quand au bout de trente minutes un autre bus passe, ralentissant à peine, des passagers de notre bus courent le prendre. Certains, pas assez rapides, échouent. Ce spectacle me fait rire.

Puis un bus, en sens inverse, avec un mec sur le toit, s'arrête. Le mec sur le toit prend la roue de secours qui s'y trouve.

Sauvé !
Ainsi notre roue est changée et nous repartons.

En arrivant à Gorakhpur, ma première mission a été de trouver un « resto ». Parmi tous les bouis-bouis, j'ai choisi celui où j'ai vu écrit « vegetarian ». J'ai bien fait. Car on m'a apporté une carte des menus uniquement écrite en sanskrit ! Me voyant perdue, le serveur m'a proposé « rice, vegetables, chapati ». Ok, c'est parti.

J'étais étonnée que le prix de mon – sinon délicieux – dhal bhat ne soit pas plus bas. En tout cas il était copieux (le serveur est venu me resservir, m'amenant à un moment une poignée de concombre et oignons… dans sa main !), ce dont j'ai profité car la journée va être encore longue.

Eh oui je suis déjà (!) à la gare (qui était juste à côté de mon boui-boui), avec – maintenant – huit heures d'avance !

Que vais-je faire de tout ce temps ?

Oh, j'ai hâte d'être à Bodhgaya !

16h02

Heureusement que la gare dispose du Wifi gratuit, et même si pour l'obtenir il faut que je demande à un Indien de m'aider, pour qu'il me donne son numéro de téléphone puis le code qu'il reçoit une fois que j'ai entré son numéro sur la page de connexion (tout cela ne fonctionne qu'avec un numéro indien).

17h12

Je me suis faite amie avec le monsieur qui m'a aidée à me connecter. Il m'a aussi offert des thés, et là nous venons de faire un tour dehors. Si je ne suis pas malade dans les heures qui suivent, je pense pouvoir résister à pas mal de nourritures indiennes… Car nous avons bu du jus de canne à sucre, préparé dans la rue, sous les mouches, et avec de l'eau sans doute non purifiée. Mais c'était très bon !

17h31 *petit resto au style européen à côté de la gare*

J'ai abandonné mon copain. Il était temps car depuis qu'il reste avec moi je trouve de plus en plus louche qu'il n'ait pas encore pris son train. Du coup j'ai fui et suis venue chercher un café ici. Je sais je crains, je devrais passer au 100% indian style, breuvage compris. Mais tant pis, j'ai trop envie d'un café.

17h37
Je crois qu'ils n'ont pas de café et sont allés le commander allez-savoir-où ! M'en fous, j'ai le temps. Je suis bien, là.

17h51
On vient de m'apporter… un thé au lait sucré ! Comme il y a partout dans la gare. Tant pis. J'aurais essayé.

18h30 *Gare, quai n°2*
Il y a un de ces mondes dans cette gare ! Mais pas un seul non indien, à part moi.
Je me sens si sale ! Si suante ! Je rêve d'une douche.

19h32
En discussion via Facebook Messenger avec Niranjan (mon ami – Jacky ! – de Bodhgaya) qui organise déjà ma venue !
Bodhgaya H-15.

20h49
Je viens de jeter mon chocolat ! Malgré ses multiples emballages, toujours coulant, il commençait à tâcher mes feuilles d'écriture.
Je suis en deuil.

Mardi 7 juin   **5h26**   *Poorva Express, voiture Sleeper* 57, place 32*
Mon premier tchaï**, dans un train indien. La vie est belle !

6h19
Tout se passe parfaitement bien. Je trouve vite mes places, il n'y a pas de retard. J'ai dormi dans le premier train, j'ai petit-déjeuné (tchaï et pain de mie) dans le second (après changement à Varanasi).

---

* En Inde, il y a plusieurs classes. La plus basse est la « general », sans réservation, sans couchette (sans confort), non présente dans tous les trains. La seconde est la classe « sleeper », très bon marchée (moins de 0,01€/km !), avec couchettes mais sans clim. C'est celle que je prends toujours. Les classes supérieures, AC, sont climatisées et le confort (et le prix) augmente avec la classe qui va de 3 à 1.
** Car les thés au lait sucrés à la gare ne comptent pas, ils ne contenaient pas d'épices et n'étaient donc pas de vrais tchaïs !

Le seul point négatif est que je ne profite pas de la vue depuis ma « upper side » place. Normalement je ne devrais être sur cette couchette en hauteur que pour dormir, et pouvoir m'asseoir en dessous la journée (en relevant une partie de la couchette du bas pour qu'elle forme deux sièges). Mais allez savoir comment se débrouillent les Indiens, ils sont toujours à une famille entière sur une seule place ! Donc il n'y en a pas pour moi en bas.

Mis à part ça j'adore les trains en Inde ! Mais j'ai quand même hâte d'arriver…

Chapitre 7 : Où Sakyamuni atteint l'éveil

Celui qui se livre à des méditations claires trouve rapidement la joie dans tout ce qui est bon. Il voit que les richesses et la beauté sont impermanentes et que la sagesse est le plus précieux des joyaux.
Siddhartha Sakyamuni

Mardi 7 juin   11h05   *Bodhgaya, Mountain Cafe*

Au bout de 6 ans de cette vie d'extrême ascétisme, Siddhartha arriva très affaibli à Bodhgaya. N'ayant même plus assez de force pour méditer, il comprit que cette voie n'était pas la bonne, et accepta la nourriture qu'une femme lui offrit.

Il médita alors longtemps sous un figuier des pagodes, et là il atteint l'éveil, la compréhension de toute chose. Il sut comment arrêter la souffrance, et voulut partager avec tous ce savoir...

Bodhgaya, Bodhgaya, Bodhgaya !
Je suis trop heureuse d'être ici !

Dans le train je n'en pouvais plus d'attendre. Je ne cessais de m'inciter à la patience, mais peine perdue, c'était plus fort que moi.

Le train est arrivé à Gaya avec trois quarts d'heure de retard. Ce qui – ouf ! – m'a rassurée. Je suis bien en Inde.

J'étais alors descendue de ma couchette, poussant un peu les deux enfants sur le banc en dessous (la couchette non mise en mode « deux sièges ») pour avoir une petite place. L'un des deux enfants s'est alors posé contre moi, et la maman est montée dormir au-dessus. This is India. Tout le monde trouve toujours son compte, sans gêne.

En quittant la gare, une foule de chauffeurs de tuk-tuk m'est tombée dessus. J'ai donc pu négocier le trajet à 100 roupies.

A peine arrivée ici... qu'on m'a demandé si je cherchais un certain ancien moine vivant maintenant en Europe, marié, du nom de Pawan ! Puis un autre gars m'a dit m'avoir déjà vue il y a quatre ans. Waouh ! Je suis connue.

Mais j'ai trouvé refuge dans un petit restaurant indo-tibétain où je déguste omelette, momos et café, avant de partir à la recherche d'un chez-moi (et d'une douche !).

Bodhgaya me voilà !

13h38   *Sachi Home, réception*

Je n'ai trouvé ma guesthouse ni par le Petit Futé ni par Niranjan mais par le très célèbre site Trip Advisor. Je l'ai choisie car, à l'écart, dans la nature, elle me semble être le spot idéal de départ de trail running (plat bien sûr, il n'y a pas de montagne ici). Et il se trouve que les gens qui la tiennent sont très gentils.

J'ai choisi le dortoir car le tarif est très bas, à 300 roupies (4€) la nuit. Douches et toilettes sont dans le couloir, mais j'ai le dortoir à moi seule. Car c'est la saison morte. Il fait trop chaud pour les touristes (pour les locaux aussi, mais eux n'ont pas le choix). D'ailleurs, je suis déçue car certains restos (tibétains) sont fermés.

La douche a été trop bonne même si elle était bouillante ! L'eau froide n'existe plus. Plus rien de froid n'existe. Mais au moins me voilà propre. Maintenant j'attends la fraîcheur (je peux attendre longtemps) pour sortir. J'attends surtout que ma tunique, que j'ai lavée, soit sèche. Mon collant, lui, était si sale que sa matière première était devenue la poussière !

Ce soir je suis déjà invitée à un anniversaire ! En cherchant Sachi Home j'ai croisé un jeune en moto qui m'a proposé de m'amener. Comme c'était assez loin et que j'étais perdue (mais j'étais dans la bonne direction, incroyable !), j'ai accepté. J'ai donc déjà utilisé mon moyen de transport préféré ici ! Et le chauffeur m'a invitée à son anni'.

18h55   *Restaurant entre ma guesthouse et Mahabodhi Temple*

Qu'ai-je fait en ce premier jour à Bodhgaya (après une sieste d'une heure dans mon dortoir) ? J'ai vu le temple bhoutanais, la statue géante de Bouddha (ces deux lieux avec le très gentil garçon de l'hôtel, et en moto bien sûr), le temple tibétain, le temple sri lankais et… LE temple, avec l'arbre sous lequel Siddhartha atteint l'éveil. J'y suis restée une bonne heure, tournant autour du temple, méditant tel Siddhartha (cent fois moins longtemps à mon avis), ressentant la quiétude du lieux…

Je me suis aussi acheté du vernis à ongle (20 roupies !) et un nouveau cahier, et j'ai bu un tchaï avec un nouveau copain* et quand il a soudain fait signe à quelqu'un… j'ai reconnu Jacky ! Quelle joie de le revoir ! C'était émouvant…

---

* Je zappe par contre l'anni' de ce soir. De toute façon, je ne sais pas où c'est, je ne peux pas appeler le numéro indien qu'on m'a laissé avec mon portable français, et puis je ne suis pas ici pour faire la fête, je vous rappelle !

Mercredi 8 juin   8h   *Mountain Cafe*

C'est un peu triste à Bodhgaya sans les Tibétains. Je ne savais pas qu'ils venaient ici que pour l'hiver et qu'ils partaient à Dharamsala l'été. Et puis, en plus des restaurants fermés, il y a aussi pénurie de muesli et porridge. Or, en Inde, vous pouvez manger de délicieux mélanges avec fruits, miel, curd (yaourt indien),… Mais pas l'été, apparemment.

Tant pis, je me « contente » de pancake.

C'est que j'ai besoin d'énergie. Ce matin je suis allée courir. J'ai trouvé plein de petits chemins à travers les champs. C'était génial ! A part que je me suis grave paumée. Heureusement que je voyais par moment le Mahabodhi Temple pour me repérer, sinon je serais toujours au fin fond d'un champ. Côté positif, cela m'a fait courir pendant une heure et huit minutes ! Alors que j'étais partie pour quarante minutes (un nima* !). J'avais heureusement prévu l'eau. Et heureusement il faisait beaucoup moins chaud ce matin (peut-être pas plus de 30° !).

Actuellement il fait par contre très beau, et le soleil vient nous terrasser ! Mais je vais aller chercher l'ombre du Bodhi Tree…

16h20   *Mahabodhi temple, sous le Bodhi Tree*

Ma journée défile aux rythmes des passages au Mahabodhi Temple (ce matin et maintenant) et des excès (ce n'est pourtant pas compatible) : excès financiers, car j'ai dépensé pour des effets plus ou moins nécessaires (mais utiles) comme du kajal (de la marque « Bonjour Paris » !) et de l'huile pour les cheveux, et pour des boissons et sucreries (lassi, jus de mangue frais, ladoo et autres douceurs du même style trop bonnes !). Excès de sucre, donc, aussi. Mais je me rattraperai demain. Et ce soir pas de resto (ce midi j'ai pris des momos au Lotus Restaurant), je mangerai des fruits que j'achèterai au marché.

A part cela, je suis rentrée en fin de matinée à la guesthouse faire une lessive et ma geek. Retourner dans la ville a ensuite été un calvaire ! Il fait si chaud aujourd'hui !

Heureusement il y a un peu de vent…

… pour faire tomber des feuilles de l'arbre de la Bodhi. J'en ai ramassé deux tombées à mes pieds.

Ah, j'allais oublier ! J'ai vu le frère de Pawan ce matin. Il m'a semblé le reconnaître mais je n'étais pas sûre. Lui m'a reconnue et m'a parlé. Il savait déjà que j'étais là bien sûr. Les nouvelles vont vite ici.

Il m'a donné quelques news de son frère, ce qui m'a fait plaisir.

---

* Voir les appendices de *J'aime me perdre n'importe où dans le Monde*.

20h   *Sachi Home, mon dortoir*

Les nouvelles vont vite et on me reconnaît facilement. Il faut dire que je n'ai absolument pas changé : même tête, même coiffure, même tenue, même sac, mêmes savates (!).

En rentrant du temple, un gars m'a demandé si je n'étais pas déjà venue il y a deux ou trois ans (c'était il y a quatre ans et demi !). Il ne m'avait alors vue qu'une fois mais m'a reconnue. On a bu un tchaï ensemble, puis Mikku m'a proposé d'aller « à la montagne » demain. C'est comme ça qu'ici ils appellent les grottes de Dungeswari, un lieu sur un gros rocher où Siddhartha médita avant d'arriver à Bodhgaya.

Nous avons rendez-vous à 8h devant le Lotus Restaurant pour y aller en tuk-tuk.

Le problème c'est qu'en rentrant, dans le salon de la guesthouse où je me suis posée pour mieux capter le Wifi, Vikram, le gentil garçon de la guesthouse, m'a proposé lui aussi de m'amener à la montagne, en moto. Et moi, ne précisant pas que j'y vais déjà avec quelqu'un d'autre (car j'ai peur qu'on me juge, qu'on me dise que je ne devrais pas accepter de sortir avec des inconnus*), j'accepte ! Oooooh, pourquoi n'arrivé-je pas à dire non ?

Comment me sortir de là ?

La nuit portera conseil… Je viens de dîner (une mini pastèque + une mini banane), je veux dormir.

Jeudi 9 juin   **14h29**

J'ai bien cru que je n'aurais pas à choisir, que je resterais la journée au lit. Car j'ai été terriblement malade cette nuit !

Je pense que c'est la pastèque qui n'est pas passée. Ce n'est qu'une hypothèse, car cela pourrait être n'importe quoi (les sucreries, le tchaï, l'eau,…).

Je me suis réveillée une première fois avec un mal de ventre et une envie de vomir. Premier aller aux toilettes (pourquoi sont-elles si loin de mon dortoir ?!). Mais rien ne veut sortir. Trop mal, je retourne au lit, après la prise de mon médicament homéopathique (Okoubazan). Je me rendors.

Plus tard je me réveille. Là ça urge. Direction les toilettes à nouveau, pour une violente diarrhée. Elle me vide de toute énergie, à tel point qu'en voulant retourner dans mon lit, je me laisse choir dans le couloir, incapable de marcher jusqu'à la chambre. Je reste étendue là, croyant mourir (je vous jure que j'y ai cru une minute !). Mais je finis par me remettre et trouve des ressources pour me lever et retourner dans mon lit, dans lequel je m'écroule, trempée de sueur !

---

* Alors que je suis une excellente juge de la nature humaine !

J'ai mal au ventre mais finis par me rendormir. Je me réveille à 4h du mat' avec toujours cette douleur et une légère envie de vomir. Je bois, je prends mon médoc. Je finis par me sentir mieux et me rendors encore une fois jusqu'à 6h.

J'ai du mal à sortir du lit, me re-écroulant plusieurs fois avant d'y parvenir. Direction la douche. L'eau froide me fait un bien fou. Me sentant pourrie, je me savonne et me lave les cheveux. Je renais !

Je m'habille, et pars même à pied à Bodhgaya. Direction le Lotus Restaurant, qui est hélas fermé mais à côté de mon habituelle Mountain Café. Je petit-déjeune d'un pancake accompagné d'un thé.

J'ai donc décidé d'aller à la montagne avec Mikku, car je lui avais dit oui avant et je pense bien m'amuser avec lui.

Ce fut le cas !

Avec d'abord un trip en tuk-tuk avec de la vieille musique indienne à fond ! Puis il nous a fallu monter à pied aux grottes, dans une chaleur torride, ce qui a réveillé mes nausées. Tellement que quand Mikku a proposé qu'on monte jusqu'en haut de la montagne, j'ai refusé !

Nous n'avons vu « que » les grottes où Siddhartha, dans sa période d'ascétisme extrême (avant d'atteindre l'éveil), a médité. Pour bien respecter l'ordre chronologique de mon pèlerinage, j'aurais dû venir ici avant d'aller au Mahabodhi Temple. Mais au moins je suis venue, j'ai plongé plus encore dans la vie de Bouddha. Et j'ai contemplé comme lui la vallée depuis ce rocher, ce paysage semi-désertique du Bihar.

De retour à Bodhgaya, je n'ai pas traîné avant de rentrer à la guesthouse, car je me sens moyennement bien. J'ai acheté du Coca. J'espère que ça va m'aider. Car je ne me sens même pas d'aller au temple !

J'ai pu discuter sur Facebook avec Vikram, m'excusant de lui avoir poser un lapin. Il s'est senti plus concerné par ma maladie que par ma lâcheté. Il est vraiment adorable !

19h25

C'est fou, j'ai été malade et pourtant j'ai passé une journée vraiment excellente !

Une fois bien reposée, et allant mieux, je me suis « réconciliée » avec Vikram, et il m'a emmenée en moto (Shiva que j'aime être trimballée à dos de moto partout comme ça !) au temple Sujata. Celui-ci marque l'endroit où Siddhartha a reçu du riz et du lait de la part d'une femme (du nom de Sujata), ce qui l'a revigoré après ses six années de diète (et de méditation où je suis allée ce matin) et lui a permis d'aller atteindre l'éveil sous le Bodhi Tree.

Comme Vikram m'a ensuite amenée en ce dernier lieu, j'ai finalement fait les choses dans un ordre parfait aujourd'hui !

En franchissant le pont (séparant le quartier où se trouve la guesthouse du centre-ville, qui passe normalement au-dessus d'une rivière actuellement à sec), Vikram et moi nous sommes pris une véritable tempête de sable dans la tête. On a même dû stopper la moto en attendant une accalmie. C'était impressionnant !

Et puis au Mahabodhi Temple, je me suis pris la pluie ! Heureusement j'ai trouvé à m'abriter, sous un petit porche sous l'arbre. Et la pluie (trop belle lorsqu'elle tombe sur les stūpas !), s'est vite arrêtée.

Il est alors fou de constater comme les hommes qui entretiennent le site sont efficaces. En cinq minutes, ils avaient déjà raclé toute l'eau sur le sol, et il redevenait possible de s'asseoir méditer.

La vie est belle, ou plutôt, sansar sundar hai.

Juste après, un enfant moine m'a proposé de me faire faire le tour du complexe (mais pas dans le bon sens ! pas dans le sens d'une kora) en me montrant d'autres points de méditation de Bouddha. C'était chouette.

Il était alors 18h et j'avais faim ! Depuis mon pancake onze heures plus tôt, je n'avais mangé qu'une petite banane.

Je suis allée au Kalyan Restaurant (celui entre le temple et le pont menant à la guesthouse), où j'ai croisé Mikku. Il s'est assis avec moi au restaurant et m'a appris des mots en hindi.

J'ai mangé les deux tiers de mon assiettes de vegetable fried rice puis je suis rentrée, éblouie par la beauté du soir. Avec le soleil couchant, les couleurs étaient magnifiques !

Sur le pont, le vent soufflait, il faisait presque frais (!), le palace au bout du pont était éclairé de mille lumières, le temple se dressait majestueusement, des enfants se baladaient.

C'était si beau que j'ai ralenti le pas* pour en profiter plus encore.

Tout est parfait. Je suis heureuse. Il ne me reste plus qu'à guérir !

Vendredi 10 juin   9h40   *Sous le Bodhi Tree*

Neuf heures de sommeil cette nuit m'ont guérie !

Mais je ne suis quand même pas allée courir ce matin, car je me sentais affamée et je me suis dit qu'il me fallait reprendre des forces.

J'ai petit déjeuné au Kalyan Restaurant (ils avaient du porridge !) avant de venir ici, où j'ai cette fois pris mon appareil photo, même s'il faut pour cela payer 100 roupies. J'ai donc mitraillé tout le site !

Maintenant, place à la méditation.

---

* J'ai pris un pas breton.

11h45   *Shiva Restaurant, après un potato curry et en attendant mon honey pancake (!)*

Nous sommes hors saison. Il n'y a pratiquement aucun touriste. On pourrait donc penser que les restaurateurs sauteraient de joie en me voyant et se mettraient en quatre pour me servir. Eh bien j'ai plutôt le sentiment de toujours déranger !

Je suis étonnée car dans mes souvenirs, les assiettes servies en Inde étaient toujours gargantuesques. Entre les six momos d'avant-hier midi (d'habitude une assiette en comporte toujours dix), le petit bol de porridge de ce matin et les trois bouts de patates qui se courent après ce midi, j'ai plutôt tendance à rester sur ma faim. Alors que je n'ai pas spécialement un appétit vorace (j'aime manger souvent mais jamais beaucoup d'un seul coup).

Samedi 11 juin   **15h30**   *dortoir du Sachi Home*

Malade. Encore.

Ce matin je n'avais vraiment pas le moral. Ça va mieux à présent...

Hier, sur le chemin menant à la guesthouse, je suis tombée sur Kumar, un autre gars vivant et travaillant à la guesthouse, qui m'a montré un raccourci consistant à traverser le « lit de la rivière ». C'est plus court que de faire le détour par le pont, mais c'est aussi plus fatiguant car il faut marcher dans le sable.

A la guesthouse, je me suis posée dans le jardin pour faire comme d'habitude : aller sur le net avec mon phone. C'est alors que j'ai reçu un coup de fil de ma maman. J'étais trop contente ! Sauf qu'elle m'appelait pour m'annoncer une nouvelle tragique. Mon oncle Jean-Yves est décédé. Je suis déchirée. J'en pleure à nouveau en l'écrivant. Je l'adorais. C'est le conjoint de ma tante qui vit à Lantosque et que je vois donc au moins toutes les deux semaines. Jean-Yves était une des personnes les plus gentilles de cette planète. Je n'arrive pas à croire qu'il n'y soit plus... Je savais qu'il était à l'hôpital mais je ne pensais pas que sa maladie était si grave...

Du coup j'ai ensuite appelé mon chéri pour le prévenir et me réconforter.

Malgré la raison terrible de ces appels, j'étais contente d'avoir pu parler à ma maman et mon amoureux.

Comme d'habitude, je suis partie vers 16h au Mahabodhi Temple. J'ai repris le raccourci. J'étais là, à marcher tranquillement quand soudain, tournant la tête, j'ai vu un éléphant ! Monté par un monsieur qui parcourait le même trajet que moi.

J'ai marché avec un éléphant.
!!!

Nous sommes arrivés en même temps à la porte de la ville, comme si c'était *mon* éléphant ! Dommage, je n'avais pas mon appareil photo (pour ne pas avoir à payer au temple).

Après ma séance au Mahabodhi Temple, j'ai rejoint Mikku. Nous avons bu un thé puis nous sommes allés sur le toit d'une guesthouse, avec vue sur le parc du Kalachakra*. Mikku a voulu me faire goûter du sky-juice. Je n'ai pas trop compris ce que c'était. Du jus de noix de coco fermenté je crois... Je n'ai bu que deux gorgées. Ce n'était pas dégueu mais on ne peut pas vraiment dire que c'était bon. C'était en tout cas peut-être ça qui m'a rendue malade.

Car cette nuit, rebelote ! Les symptômes ne sont pas apparus d'un seul coup et une seule fois comme l'autre nuit. En fait depuis hier soir je ne cesse de faire des allers-retours entre mon lit où je m'écroule, vide d'énergie et prise de douleurs au ventre, et les toilettes où j'ai diarrhées sur diarrhées.

Ce matin j'étais si mal que je n'ai jamais réussi à me lever (hormis pour aller aux cabinets, donc). Or aujourd'hui est le jour de mon départ, et à midi j'étais sensée libérer le dortoir. Je ne me sentais même pas capable de faire mon sac !

Entre ça, le décès de mon oncle, le fait que je ne sois finalement allée courir qu'une fois à Bodhgaya (c'est déjà mieux que rien), je n'avais pas le moral. J'avais même envie de rentrer en France !

Heureusement que j'ai un mot de mon chéri « à ouvrir si tu as un coup de blues ». Il m'a fait du bien. J'ai le meilleur chéri du monde !

J'ai quand même réussi à faire mon sac (j'avais foutu un de ces bordels dans le dortoir !), petit à petit, en me reposant entre deux tâches.

A midi, j'étais ainsi à la réception ! J'ai pleuré tous mes malheurs à Vikram, qui, adorable, m'a renvoyée dans ma chambre. Je peux rester ici sans payer plus, jusqu'à ce soir, quand il m'amènera à la gare. Je l'en ai infiniment remercié !

A présent je vais quand même mieux. J'ai bu du Pepsi pour avoir un peu de sucre, ce qui m'a fait du bien. Car je ne peux évidemment rien avaler d'autre.

Hier j'avais envoyé un message à Niranjan pour lui proposer qu'on se voie une dernière fois. Ce matin il m'a donné rendez-vous dans Bodh-

---

* Le Kalachakra est un enseignement bouddhiste, qui est parfois oralement donné publiquement par Sa Sainteté le Dalaï-Lama à Bodhgaya. Il s'était tenu en janvier 2012 (avec 400 000 participants !) juste après mon passage dans la ville, et sera à nouveau donné en janvier 2017.

gaya dans l'après-midi. Quand je lui ai répondu que j'étais malade et ne pouvais pas venir, il est venu ici ! On a discuté un moment, c'était trop chouette ! Cette rencontre m'a remonté le moral.

J'ai aussi envoyé hier un message à Pawan, qui m'a répondu aujourd'hui ! Sa réponse m'a fait vraiment plaisir, car nous avions perdu contact depuis pas mal de temps. Sa vie en Suède se passe bien, et il est même devenu papa ! Je suis trop contente pour lui ! J'espère le revoir un jour…

22h16   *gare de gaya, Upper* Waiting room*

En train de mourir…

Je n'avais pas tout compris en fait.

A 20h, le réceptionniste de Sachi Home m'a expliqué qu'à 20h30 au plus tard il me fallait marcher jusqu'à Bodhgaya puis prendre un autorickshaw pour la gare de Gaya.

Moi qui croyais que Vikram m'emmenait, j'étais dégoûtée.

En partant je me sentais trop mal. D'abord physiquement, parce que marcher jusqu'à la ville dans mon état me paraissait insurmontable, mais aussi psychologiquement, car partir seule dans la nuit me faisait peur (dans le Petit Futé ils parlent de bandits tueurs la nuit sur les routes de la région !).

Heureusement, un nouvel ange a croisé mon chemin. Un gentil garçon à moto m'a proposé de m'amener jusqu'aux rickshaws et de négocier le prix du trajet pour Gaya pour moi. Hélas, même avec lui, c'était 300 roupies ou rien (!).

Du coup, Guru a proposé de m'amener à moto à Gaya ! C'est trop gentil ! Je lui ai payé 100 roupies d'essence et nous sommes partis !

J'ai moins apprécié la moto, à cause de mon mal de ventre. Mais on a discuté tout le long. Il m'a expliqué pourquoi les hommes à Bodhgaya préfèrent sortir avec des Européennes ou Américaines. J'avais déjà remarqué ce phénomène (oui, bon, je l'ai vécu, même !). Pour un Indien, avoir une relation avec une Indienne est compliqué, car il ne pourra pas bien la connaître avant le mariage (sur tous les points, si vous voyez ce que je veux dire), et il peut se heurter à des problèmes de caste, de dot, etc. (je ne sais pas trop ce que « etc. » peut être, mais je pense qu'il y a plus que ce que j'ai pu comprendre). Et si je parle des Bodhgayens et non des Indiens en général, c'est parce qu'il est bien sûr plus simple pour eux qui vivent

---

* Donc pas pour moi (pour les classes supérieures, les AC) mais personne ne surveille.

dans une ville très touristique de rencontrer des étrangères que pour des Indiens vivant dans des lieux moins connus.

Mais bien sûr ce genre de relation peut devenir problématique si aucun des deux membres du couple ne peut partir vivre dans le pays de l'autre. A ce propos Jacky m'a dit ne plus être avec sa copine belge. Pourtant il m'a dit qu'il se marierait l'an prochain. Je suis restée bête, ne comprenant pas comment il pouvait se marier s'il était célibataire. Il m'a avoué que sa mère allait lui trouver une future épouse. C'est sans doute pour échapper à ce contrôle parental que les Bodhgayens cherchent des non Indiennes…

En arrivant à la gare, la première chose que j'ai faite a été de me rendre aux toilettes !

J'ai pris du Smecta, même si ce n'est pas recommandé en cas de turista (car la diarrhée permet d'éliminer les bactéries), car je n'ai aucune envie de passer trois heures (eh oui mon train n'est qu'à 0h55 !) dans les toilettes de la gare !

Ensuite, je me sentais trop mal, je me suis allongée sur un banc.

A présent je vais mieux. Je me suis racheté un Coca car je me sens terriblement faible ! Je n'ai rien mangé depuis les quatre tranches de pain de mie (nature, je n'ai plus de beurre de cacahuète et n'en ai point trouvé à Bodhgaya, snif) d'hier soir.

J'ai trop hâte de m'allonger dans ma couchette dans le train ! Il fait trop chaud ici !

Chapitre 8 : Où Bouddha enseigna pour la 1ᵉ fois

Celui qui est le maître de lui-même est plus grand que celui qui est le maître du Monde.
Siddhartha Sakyamuni

Dimanche 12 juin 8h   *Sarnath, Jain Paying Guesthouse, chambre 16*

Dans le train, je suis tombée sur une famille bizarre (pour ne pas dire casse-bonbon). Déjà, quand je suis entrée, la mère et la fille étaient à ma place, et ne voulaient pas me la laisser ! J'ai dû insister. Puis, alors que tout le monde dormait, à 3h, la famille a soudainement allumé la lumière (que je me suis prise en pleine tronche, étant juste dessous). Pourquoi ? Pour faire un repas de famille. A 3h du mat' ! Là j'ai eu beau demander à éteindre la lumière, ils n'en ont eu rien à faire. Ils sont fous ces Indiens !

A part ça, le trajet s'est plutôt bien passé. Je vais quand même mieux, même si ce n'est pas la grande forme et que j'ai toujours un peu mal au ventre.

A Varanasi, j'ai voulu prendre un tuk-tuk pour aller à Sarnath. Un monsieur a essayé de me convaincre de plutôt rester loger à Varanasi et visiter Sarnath en un jour. J'ai hésité deux secondes, surtout à cause du prix du trajet en tuk-tuk (200 roupies !). Mais en fait, il y a des bus qui font le trajet (j'aurais d'ailleurs pu prendre un bus pour venir !). Donc si je veux visiter Varanasi un jour, je ne serai pas obligée de débourser 400 roupies pour faire l'aller-retour (+ 200 roupies quand je reviendrai à Varanasi pour prendre le train pour partir). Et puis Varanasi est secondaire pour moi. Je ne suis pas une touriste. Je suis un pèlerin. Je veux séjourner où…

Siddhartha avait donc atteint l'éveil, devenant un Bouddha. Il savait comment vaincre la souffrance et voulut l'enseigner. Il chercha d'abord d'anciens compagnons sâdhus qui l'avaient abandonné quand il avait renoncé à l'ascétisme.

Il les trouva à Sarnath. Ici il leur enseigna ce qu'il avait appris.

Tous reconnurent la vérité dans ses paroles. Petit à petit, ses disciples devinrent plus nombreux, constituant la Sangha, la communauté bouddhiste.

Je veux comprendre et ressentir ce lieu, et non en faire simplement le tour.

De plus, il doit être impossible de courir à Varanasi. Or, ici dans ce mignon petit village, j'ai croisé en arrivant deux joggeurs !

Il va falloir d'abord reprendre des forces !

En me déshabillant pour me doucher, dans ma chambre super chouette avec un lit immense, une salle de bain, un balcon avec vue sur le temple, et un miroir – à 300 roupies seulement ! –, dans cette sympathique guesthouse que j'avais repérée sur Internet, j'ai pris peur en me regardant dans la glace. Moi qui cherche toujours à être plus mince, là je me trouve trop maigre ! Et si mon chéri me voit comme ça à mon retour, il ne va pas aimer du tout.

Donc au programme pour aujourd'hui, avant d'aller faire un tour : manger. Pas n'importe quoi comme j'ai fait après mon premier épisode de maladie. Aujourd'hui je ne mangerai que du riz nature. Rien d'autre !

15h06

Après étude de la météo (car il y a le Wifi ici), j'évalue mes prochaines destinations :

→ Kushinagar : 33°C. Presque 10° de perdus, yes !
→ Mussoorie : 17° !!!!! Oh, j'ai trop hâte !
→ Delhi : 42°. Je pensais y rester un jour entier, mais je pense plutôt rester un jour en plus à Mussoorie, à la montagne, et n'aller à Delhi que la veille de mon vol. So much better!

Je me suis aussi dit que plutôt que de faire l'aller-retour à Varanasi, je pouvais rester deux nuits à Sarnath au lieu de trois, et aller après-demain passer la journée puis une nuit à Varanasi. J'ai repéré une guesthouse dans le Petit Futé qui a l'air pas mal… Et comme j'ai aussi repéré un chouette restaurant sur Trip Advisor, il vaut mieux que j'attende deux jours – d'être rétablie – avant d'y aller.

Mais plutôt que raconter ce que je vais faire (que je pourrai raconter en temps voulu), je vais plutôt vous dire ce que j'ai fait.

J'ai mangé. Eh oui ! Dans un restaurant à l'allure très propre (je fais attention du coup, maintenant), mais dans lequel j'ai été dégoûtée de dépenser 60 roupies pour un plat de riz blanc nature dont j'ai dû manger pas même le tiers !

Je n'ai pris aucun plaisir à manger. Il faut dire que je ne suis pas une grande fan de riz. Cela dit, ça m'a fait du bien, et depuis je n'ai pas eu de soucis d'estomac, donc il est bien passé.

J'avais donc assez d'énergie ce matin pour commencer la visite. J'ai vu le temple sri lankais (celui que je vois de mon balcon, magnifique !), un très ancien stūpa, très beau, et le parc entre les deux.

Je flânais là, épuisée par la chaleur et ma faiblesse (j'étais obligée de faire des pauses !), quand on m'a soudain dit « tickets ! ». Cinquante roupies. OK. De toute façon je veux tout voir.

J'ai de suite regretté. C'était un mini zoo ! Moi qui trouve scandaleux d'enfermer des animaux, que faisais-je là ?! Les pauvres oiseaux, perruches et crocodiles tournaient en rond dans leur cage...

18h40 *parc du temple sri lankais (appelons-le « le temple »)*

Les lumières et couleurs du soir commencent à devenir magnifiques...

J'ai vraiment eu du mal à quitter mon lit tout à l'heure. J'avais des baisses de tension. Et j'étais triste.

J'ai du mal à accepter d'être loin de mes proches, en ce moment douloureux. Mes parents vont chez ma tante aujourd'hui. Comme j'aimerais y être ! Seule consolation : me dire que je suis dans le pays d'origine de Jean-Yves. Si lui est né à Madagascar, ses parents étaient du Gujarat.

Je suis quand même arrivée à sortir. Je suis d'abord allée au lieu exact où Bouddha donna ses premiers enseignements, il y a 2500 ans, juste à côté du temple. Ce matin je n'avais pas pu m'y rendre car l'enceinte était fermée.

Il se trouve ici aussi un arbre de la Bodhi, un rejeton de l'arbre qui se trouve au Sri Lanka (que j'ai vu en 2012 !).

Le site est entouré de moulins à prière. Mais nous sommes loin de Bodnath, où les Tibétains les tournent en récitant des mantras. Ici les Indiens les tournent pour s'amuser ou parce qu'ils pensent que c'est bien. Mais les deux tiers des personnes le font à l'envers !

19h50 *salle à manger de ma guesthouse*

J'ai dû arrêter d'écrire car je me suis sentie trop mal. J'ai dû m'allonger.

J'en étais donc au Bodhi Tree, où je me suis posée un moment. Puis je suis allée voir un autre temple puis le temple jaïn.

J'aime bien cette religion. Elle ressemble au Bouddhisme, mais est plus stricte. Les Jaïns ne doivent pas manger ni tuer d'animaux. Même pas les fourmis sans faire exprès ! Ils ne peuvent donc pas marcher dans la forêt. Ou en faisant très attention… Car par contre la marche est conseillée. Les Jaïns prônent la paix, la tolérance.

Le monsieur qui entretient le temple m'a demandé d'où je venais puis m'a montré un papier avec des explications sur le jaïnisme… en français ! Il en avait dans toutes les langues !

Puis il m'a montré un tas d'autres documents. J'ai été touchée de voir quelqu'un qui a autant envie de partager sa religion.

En sortant du temple, je me suis sentie très mal. Je me suis laissée choir dans le petit parc à côté.

Heureusement qu'il y a toujours des parcs autour des temples !

C'est fou, je suis toujours essoufflée, mais ce n'est pas mon cœur qui bat fort, c'est mon ventre ! J'ai un deuxième cœur dans le ventre ! Et j'ai l'impression de devoir respirer fort pour lui apporter de l'air.

J'ai aussi eu l'impression que j'allais faire un malaise. Alors j'ai pris un de mes bonbons népalais (ma monnaie rendue à Lumbini^^). Du sucre m'a fait du bien, m'a donné assez d'énergie pour repartir.

J'ai voulu visiter le site archéologique mais l'entrée est à 200 roupies ! Le musée, à côté, n'est lui qu'à 5 roupies ! Mais il était déjà fermé. J'irai demain.

J'aurai encore beaucoup à voir demain car tout ferme tôt ici. Pourquoi ferment-ils quand la température commence à être acceptable ? Ils sont fous ces Sarnathiens !

J'ai quand même fait le tour du village en marchant.

J'ai repéré un resto au nom sympathique : Brownie Restaurant. J'ai voulu y prendre un jus de fruit mais ils n'en avaient pas (contrairement à ce qu'indiquait leur carte). Je suis repartie en disant au serveur que je reviendrai un autre jour car j'ai repéré plein de bonnes choses sur leur carte (gâteau au chocolat, cookies, croissants, cakes,…). J'espère me remettre assez pour tenir cet engagement !

La balade à pied a été quand même assez longue, et je me suis mise à avoir mal au ventre. J'ai décidé de rentrer à la guesthouse mais j'ai entendu des chants de cérémonie provenant du temple. J'ai voulu aller voir, mais je me suis arrêtée avant, dans le parc, où je me suis allongée, trop mal.

Je suis donc rentrée.

A présent j'attends mon dîner. Manger (puis dormir) me fera sans doute du bien…

20h10

Depuis ma soudaine envie de jus, je rêve d'un jus à l'ananas !

Lundi 13 juin   12h54   *ma chambre*

Qu'ai-je écrit hier ? Qu'ici je pourrai courir ? Je rêve ! Même demain matin je n'en serai pas capable. Quant à manger du gâteau au chocolat, je peux aussi faire une croix dessus.

Ce matin, se lever a encore représenté un effort. J'ai voulu alors prendre mon petit déjeuner. Hier soir j'ai mangé avec la famille (dhal bhat ! Mais avec très peu de légumes pour moi, et très peu de dhal… pour faire clair j'ai mangé du riz, un chapati et du curd). Je m'attendais donc à petit-déjeuner avec la famille, mais je ne comprends pas à quelle heure petit-déjeunent les Indiens ! A 7h30, les deux sœurs de la maison prenaient un tchaï avec des biscuits, rien de plus. J'en ai pris quelques uns avec un thé noir. Puis on m'a proposé un plat spécial pour malade, à base de riz et de curd, qui pourrait m'être servi plus tard (petit déjeuner ou déjeuner ?). J'ai accepté avec reconnaissance et on s'est accordé pour un service à 11h (même question).

Je suis alors partie en direction du musée, en mode « je me plains » : « c'est trop dur », « je suis trop faible », « j'en ai marre d'être malade ». En passant devant le temple, je me suis dit qu'il me fallait rendre hommage à Bouddha. A l'intérieur, deux personnes méditaient. Cela faisait longtemps que je n'avais pas médité. Je me suis donc assise, j'ai fermé les yeux, et j'ai enfin appliqué les conseils de Bouddha.

Il me fallait arrêter de désirer ce que je ne pouvais avoir (guérison magique, chocolat, jus d'ananas) et prendre ce que je pouvais : un temps de méditation.

L'essentiel.

Je me suis sentie vraiment bien. J'ai médité plus longtemps que d'habitude, me concentrant sur ma respiration mais laissant venir (et repartir) des pensées positives. Je suis ressortie ressourcée, reconnectée avec mon côté dakini*.

J'ai repris ma route vers le musée. Comme il n'ouvrait qu'à 9h, en attendant, je suis allée voir le temple thaï, magnifique avec son beau jardin, ses superbes statues de Bouddha, dont une géante !

J'ai ensuite cherché un ATM, un distributeur de monnaie. J'en ai trouvé un premier mais qui refusait ma carte. Dans un second, pareil. J'ai commencé à avoir peur. Mais à force d'insister, j'ai fini par pouvoir retirer. Ouf ! J'ai, je pense, de quoi finir mon voyage…

---

* Une Dakini est une divinité féminine de l'Hindouisme, présente aussi dans le Bouddhisme où elle représente l'aspect féminin de la sagesse.

De retour au musée avec cinq minutes d'avance, il m'a fallu attendre... au moins vingt minutes pour acheter le ticket. Le vendeur était en retard. Mais son collègue qui vend, au même guichet, les tickets pour le site archéologique, a pris pitié de moi et m'a invitée à attendre avec lui dans la billetterie (sur une chaise et sous un ventilateur).

Le musée archéologique a vraiment été très intéressant. Il n'est pas très grand mais très riche en statues de Bouddha, Shiva, etc., et en autres pièces datant du I^e au Ve siècle après J.C.

En plus, il contient des bornes interactives donnant des explications dans plusieurs langues, dont le français !

Mais je vous avoue que je n'ai pas tout lu. Je me suis mise à me sentir vraiment mal. J'ai dû faire un saut aux toilettes du musée, puis, de retour dans les galeries, je n'arrêtais pas de m'asseoir.

Je suis rentrée à 10h à la guesthouse, éreintée !

A 11h, je suis descendue manger mon riz bouilli au yaourt (et à je-ne-sais-quoi, mais très bon) sucré (ce qui m'a fait du bien), et je suis revenue ici me coucher.

19h25 *salle à manger, après mon 2e kichdi de la journée*

Vous ai-je dis que je suis la seule hôte de la maison (touriste, je veux dire, car il y a du monde dans cette famille !) ? Comme à Bodhgaya. Beaucoup d'Indiens me demandent ce que je fous dans leur pays en plein mois de juin !

Je leur réponds que je suis folle.

Tellement que cet après-midi, n'en pouvant plus d'être cloîtrée dans ma chambre, je suis sortie à 15h30. Le soleil brillait, la chaleur était telle que ma bouteille d'eau, fraîche en sortant*, était chaude au bout d'un quart d'heure !

Je suis quand même allée jusqu'au monastère tibétain, assez joli avec son petit stūpa, ses statues de Bouddha et surtout ses moulins et drapeaux à prière.

Puis je suis retournée au Bodhi Tree et au temple, puis dans le parc. Mais partout les regards me gênent pour méditer.

Je suis repartie, voulant acheter du jus de fruit pour avoir un peu de sucre, n'ayant rien ingurgité depuis mon kichdi. J'ai dû renoncer à du jus de fruit frais bien sûr. Je suis allée dans un magasin, essayant d'en trouver un, industriel, mais avec le maximum de fruits. Il y avait du Tropi-

---

* J'achète de l'eau minérale à présent (là dans la guesthouse). Je ne sais pas pourquoi, mais l'eau du robinet traitée me dégoûte un peu à présent.

cana et du Minute Maid. Parfait ? Que non ! Ici ces jus ne contiennent pas plus de 15% de fruits ! J'en ai pris un d'une autre marque, à la grenade, avec 15% de jus concentré, ce qui correspond d'après la marque à 60% de fruits. Mouais. Enfin, elle ne contenait pas de colorant, conservateur ni OGM. Mais elle n'était pas bien bonne non plus...

Elle m'a quand même fait du bien, assez pour prolonger mon petit tour.

Je suis allée au temple chinois, joli même s'il n'a rien à comparer à celui de Lumbini.

En sortant, je suis tombée, dans la rue, sur un grand groupe d'Indiens qui jouaient de la musique, criaient, riaient.

Un mariage ! J'adore les mariages ! Tournée générale* !

Je viens de voir passer une souris dans la cuisine !

Je n'ai médité qu'une fois rentrée dans ma chambre, face au ventilo et au temple, et en faisant tourner mon moulin à prière...

... avant de descendre manger, avec bien plus d'appétit. Je me sens bien mieux. J'ai toujours un peu de diarrhée, mais elle me laisse moins sur le carreau.

Peut-être ne pourrai-je pas courir demain, mais je serai peut-être en forme pour voir, ressentir, apprécier, m'enivrer de Varanasi !

Mardi 14 juin   15h   *Varanasi, Shree Café Vegetarian Restaurant*

Varanasi, anciennement appelé Bénarès, était sur mon plan de route en 2011. Mais un problème de réservation de train (j'étais sans le savoir sur liste d'attente et n'avais pas pu avoir de place dans le train que j'avais réservé) m'avait contrainte de rester deux jours de plus à Haridwar. J'avais donc décidé d'aller directement à Bodhgaya pour rattraper mon retard.

Je n'avais pas regretté, car un Français, croisé à Rishikesh puis Bodhgaya, m'avait dit ne pas avoir aimé la ville, et elle avait pour moi une image de misère.

Mais la description qu'en fait le Petit Futé a changé ma vision de Varanasi. Et maintenant que j'y suis, je valide le guide !

Hier soir j'ai eu comme le soir précédent du mal à m'endormir, le matelas me renvoyant trop de chaleur et m'obligeant à changer sans cesse

---

* Paroles du capitaine Jack Sparrow dans *Pirates des Caraïbes*.

de position pour cause de transpiration ! Mais la fatigue a fini par l'emporter.

Ce matin j'ai encore eu des « soucis digestifs » (pour ne plus employer le mot embarrassant). Mais après une heure un peu difficile, je me suis soudainement sentie bien. Très bien, même.

Je suis descendue prendre mon thé avec des biscuits. Le père de famille était là. Vous ai-je dit qu'il était médecin ? Franchement, je n'aurais pas pu mieux choisir ma guesthouse ! D'ailleurs en plus de kichdi, la famille m'a soignée par des gouttes, un mélange de plantes fait maison.

J'ai passé un petit moment avec le père et trois de ses filles. Nous avons même pris des photos tous ensemble !

Je leur ai demandé des renseignements sur les bus allant à Varanasi. Et c'est là que j'ai appris qu'il y avait une gare à Sarnath !

Donc je suis partie, sac sur le dos, à la gare. En entrant dans celle-ci, je me suis demandé si j'avais bien fait. Tout était écrit en sanscrit. Mais le jeune au guichet parlait très bien anglais et m'a sorti un ticket (10 roupies seulement !) en m'informant que le train qui justement arrivait allait à Varanasi.

Je n'ai donc même pas eu à attendre ! Le top !

Le train ressemblait plus à un tram ou métro, avec les trois quarts des gens debout (dont moi).

En moins de vingt minutes, j'étais à Varanasi City Station.

Bien sûr, une multitude de rickshaws attendaient à la sortie. Quand j'ai dit que je voulais aller à la Baba Guesthouse et qu'on m'a annoncé 200 roupies, j'ai fui, m'engouffrant dans la première ruelle venue. J'ai supposé qu'elle menait aux ghâts, au bord du Gange.

Au bout de cinq minutes de marche, j'ai demandé à quelqu'un, quand même. Mais j'étais bien sur le bon chemin (!).

Bien sûr, je n'ai pas réussi à garder toujours la bonne direction et quand, enfin, j'ai atteint les ghâts, j'étais loin de la plus proche de la gare. J'avais alors marché pendant une heure !

Mais l'arrivée au bord du Gange méritait tous ces efforts. Waouh ! Le Gange. Les bateaux. Les gens qui se baignent. Les magnifiques bâtiments qui bordent le fleuve. Les temples. Les saris qui sèchent sur le bord. Les vaches. La foule. Les couleurs. La chaleur.

Varanasi !

Je me suis assise un moment pour admirer et pour récupérer.

J'étais si contente d'avoir pu réaliser un tel effort. Hier encore j'en aurais été incapable !

J'étais donc allée « trop » loin, mais en fait, en longeant le Gange, je suis tombée en même pas cinq minutes sur le ghât où se trouve la guesthouse que j'avais repérée. Un dernier effort – un escalier bien raide – et j'y étais ! Trop forte !

J'ai eu une mini chambre (un cagibi !) sans salle de bain, à 250 roupies. La vie est plus chère ici.

Je n'ai même pas eu besoin de me reposer. Je suis repartie, pour chercher le Lassi Bar que j'avais repéré sur Trip Advisor. Il s'est trouvé qu'il est juste à côté de ma guesthouse !

J'y ai pris un délicieux banana pinneaple lassi. Et j'y ai aussi trouvé un livre qu'on m'avait (en France !) recommandé : *Siddhartha* de Hermann Hesse. Je ne l'ai payé que 150 roupies (mais en laissant le livre que j'avais amené sur les Sherpas, que j'avais lu avant même le début du trekking… au final je suis perdante mais au moins j'ai maintenant de la lecture, et sans gaspiller de roupies). J'ai commencé à le lire ce midi. Ce n'est pas comme je le croyais la vie de Bouddha. Mais c'est pas mal, pour l'instant.

Mon lassi était délicieux ! Et si épais qu'il se mangeait à la petite cuillère !

Ayant fait le plein de nutriments et divertissement, je suis repartie faire un tour, le long des ghâts, puis dans les ruelles étroites de la vieille ville, puis le long de ghâts encore.

Varanasi est la plus vieille ville du monde, et fait partie des sept villes sacrées de l'Hindouisme (avec Haridwar – où je suis allée en 2011 – Ayodhya, Mathura, Dwarka, Kanchipuram et Ujjain). Dédiée en priorité à Shiva, elle est le site qui attire le plus de pèlerins au monde.

Ses plus beaux temples et ses plus splendides bâtiments bordent le fleuve sacré, accessible par des berges faites de longues marches en pierre, appelées ghâts, et où descendent se baigner les dévots. Le Gange les purifie, et certains ghâts servent aussi aux pujas (cérémonies terminées par des offrandes), d'autres aux crémations.

Il faudrait donc des jours, voire des semaines, pour tout voir et tout comprendre de cette antique cité à la fois magnifique et spirituelle. Mais je n'ai pour ma part pas le temps de vraiment m'intéresser à toutes ses merveilles.

Ni le temps, ni les conditions idéales.

Après ma très courte visite, j'étais si dégoulinante de sueur et si bouillante (j'ai versé de l'eau de ma gourde sur ma tête, elle m'a brûlé la peau en dégoulinant sur ma nuque !) que je suis rentrée me poser et geeker.

Je ne vous raconte jamais ce que je fais sur le net (pendant des heures !). Je prends des nouvelles de ma famille et mon chéri, poste des photos sur Facebook, consulte Trip Advisor,… Rien d'exceptionnel, mais il faut que je mentionne quand même un message de Vikram disant qu'il avait réellement eu l'intention de m'amener à la gare. Donc j'avais bien compris. Mais ce que je trouve bizarre est que le monsieur qui m'a dit de prendre un rickshaw avait été présent à ce moment. C'est peut-être lui qui n'avait pas compris…

Mais je ne reste jamais trop longtemps sur le net, et me voilà d'ailleurs à nouveau de sortie.

Je viens de manger un délicieux dosa, une espèce de crêpe indienne, fourré au paneer, un espèce de fromage indien, et aux fruits secs. Mais hélas épicé. Je crains les conséquences…

Mercredi 15 juin   7h40   *salon de la Baba Guesthouse*

Il n'y a pas eu de conséquences si graves.

Mais hier après-midi ma balade a été de courte durée. Car quand même je me suis sentie mal. Mais surtout moralement. En longeant les ghâts, je suis arrivée à celle où ont lieu des crémations. J'ai pensé que le lendemain serait celle de mon oncle, et je n'ai pas supporté de rester là. J'ai fait demi-tour. J'ai voulu rentrer par les ruelles mais je me suis perdue. J'ai débarqué sur la route principale, celle par laquelle j'étais arrivée le matin. Et j'étais si loin ! La longer à nouveau, avec le monde, les klaxons, m'a insupportée.

Mais une douche en arrivant m'a nettoyée de mes soucis. Je me suis reposée jusqu'à 18h puis je suis repartie pour voir la cérémonie qui a lieu ici tous les soirs au Dashashwamedh Ghat.

Je croyais qu'elle commençait à 18h45 et voulais m'y rendre en avance pour trouver une bonne place. J'en ai eu une super. Mais à 19h30, la cérémonie n'avait toujours pas commencé ! Une heure trente passée assise sur du dur, dans une chaleur à mourir (le soleil s'était couché mais il n'y avait aucun air et une foule monstrueuse). Les enceintes crachaient un blabla en hindi qui m'irritait les oreilles. Je me suis barrée.

Evidemment, j'étais à peine sur les marches menant à la guesthouse que j'ai entendu de la musique. J'ai bien fait demi-tour, mais ma place avait été prise, bien sûr. Impossible d'en trouver une autre. Du coup, je n'ai regardé que le début. Peut-être la suite a-t-elle été grandiose, mais le début a été assez simple, avec quelques tambours et des personnes avec de beaux vêtements qui frappaient dans leurs mains.

Je ne regrette pas. J'ai vu l'engouement des Indiens pour cet événement, j'ai vu les couleurs magiques de la cérémonie, et la beauté des ghâts la nuit…

La nuit… La mienne a été terrible !

Impossible de dormir dans mon cagibi qui s'était transformé en four ! Seule idée que j'ai eu pour ne pas mourir de chaud : me mettre sous la douche en pyjama pour me remettre au lit trempée.

Cela fonctionnait mais hélas il fallait répéter l'opération toutes les deux heures.

Bien sûr, par contre, quand mon réveil a sonné, à 4h30, j'étais (enfin !) en train de dormir. Mais je me suis levée. Je suis sortie. J'ai négocié. J'ai posé mes fesses dans une barque. J'ai fait un tour sur le fleuve le plus sacré au monde en bateau au lever du soleil !

C'était génial !

Mon rameur et moi avons longé les ghâts à l'aller et glissé sur le milieu du fleuve au retour. Hélas le soleil était les trois quarts du temps caché par des nuages. Les couleurs n'étaient donc pas aussi belles que lors d'un lever de soleil dégagé. Mais l'atmosphère était quand même magique, si calme, si tranquille, reposant, frais ! Une expérience inoubliable…

Dashashwamedh Ghat à Varanasi

Chapitre 9 : Où mourut Gautama

De même qu'un singe qui prend ses ébats dans la forêt saisit une branche puis l'abandonne aussitôt pour se raccrocher à une autre, ainsi, ce que vous nommez pensée, connaissance, se forme et se dissout sans cesse.
Siddhartha Sakyamuni

Mercredi 15 juin   21h32   *Gare de Gorakhpur (encore !)*

Quelle a été la dernière chose que j'ai fait à Varanasi ? Retourner à Bana Lassi bien sûr ! Prendre un lassi à l'ananas et au muesli, pour un délicieux petit déjeuner !

J'ai ensuite pris un tuk-tuk-cycliste pour la gare. Pas cher et avec un « conducteur » sympa.

A la gare, j'ai voulu acheter de l'eau. J'ai trouvé un moyen d'apprécier l'eau du robinet traitée. J'ajoute une goutte d'huile essentielle de menthe, pour une touche de fraîcheur, appréciable par ces températures. Sauf que ce matin deux gouttes sont tombées dans ma gourde, ce qui a rendu l'eau relativement imbuvable… Bref, ce n'est pas ce que je veux raconter. Ce qui est important est qu'au bar clean de la gare de Varanasi se trouvait, sur le comptoir, deux blenders, et sur l'affiche des produits servis était indiqué « fresh fruit juice ». J'ai demandé quel fruit se trouvait dans un des blenders. Réponse : ananas ! Mon rêve s'est réalisé. Je me suis quand même assurée de savoir si le jus n'était pas coupé à l'eau non traitée. Ce n'était pas le cas. J'ai eu mon jus d'ananas ! Et à 30 roupies seulement en plus !

Dans le train, je me suis directement posée sur ma couchette en hauteur. Avant même que le train ne démarre, je me suis endormie !

Mais je n'ai dormi qu'une heure. Ensuite j'ai mangé quelques tranches de pain de mie puis je suis descendue admirer le paysage, et lire. J'ai fini *Siddhartha* !

Car j'ai eu grand temps de lire. Mon train a pris presque deux heures de retard ! Je calculai à quelle heure cela me faisait arriver à Kushinagar. Car je devais encore prendre un bus à la gare de Gorakhpur, pour deux heures de route. Ce qui me faisait arriver de nuit.

Je n'en avais pas trop envie. D'autant plus que je souhaitais loger au temple tibétain. Je ne pense pas qu'ils ouvrent leur porte aux étrangers après 21h. Du coup, j'ai décidé de rester à Gorakhpur et prendre le premier bus demain matin.

J'ai donc cherché un hôtel en arrivant dans cette ville dans laquelle je suis déjà venue dès mon entrée en Inde pour prendre le train pour Bodhgaya. Des tas d'hôtels se trouvent en face de la gare. Mais tous ont l'air peu accueillants. Et d'ailleurs on m'a répondu dans plusieurs, avec peu d'amabilité, qu'ils n'avaient pas de chambre disponible. Dans d'autres, les prix étaient supérieurs à 500 roupies.

J'ai renoncé.

J'ai décidé de passer la nuit dans la gare. Une nuit à peu dormir mais une nuit dans un lieu sûr. Il y a toujours du monde ici, et c'est bien surveillé.

Et gratos.

Avant de revenir dans la gare, je suis allée dans un petit resto avec « Lonely Planet recommanded » affiché dessus. Pour 50 roupies, j'ai eu un copieux thali (dhal bhat indien). Super épicé, mais j'ai l'impression de bien le digérer… Je ne suis plus malade ?

Je ne suis plus malade !

Jeudi 16 juin   **1h**

J'avais tout un banc pour moi toute seule dans la salle d'attente. J'ai pu dormir. Mais il a fallu d'urgence que j'aille aux toilettes. J'ai donc perdu ma place sur le banc.

Je suis sortie sur le quai (le plus long du monde : 1339m !), où il fait de toute façon plus frais. Je n'ai croisé qu'un touriste. A Varanasi ils étaient nombreux.

Ici je ne peux pas dormir. Que faire ?

2h

Tout mon or pour un banc à moi toute seule !

Pourquoi n'ai-je pas comme toutes les familles indiennes une couverture pour me poser par terre ? Ou un mètre carré d'emballage (non découpé) d'un produit quelconque indien, ou d'Oreo, ou, comme je viens de voir… de Clif Bar (je vous jure !) !

10h40   *Kushinagar, Temple tibétain*

J'ai fini par trouver un banc à moi toute seule, dehors (sur le quai, quoi) dans la – presque – fraîcheur. J'ai dormi pendant une heure, puis il m'a fallu retourner deux fois de suite aux toilettes ! Je ne suis finalement pas si guérie…

Plus de banc à moi toute seule après ça, mais j'ai pu trouver assez de place pour me poser contre mon sac, les pieds sur le banc, attendant tranquillement le lever du jour. Trente minutes plus tard, à 4h45, le ciel étant clair, je me suis levée, je suis allée me prendre un tchaï (au stand où je me suis rendue, on m'a dit « just coffee* » ! Ok parfait, même s'il est bien sûr au lait et sucré) et je suis allée le déguster avec mes dernières tranches de pain de mie à la sortie de la gare.

Puis direction la gare routière. Tout me semblait moins hostile qu'hier soir, et des gens m'ont gentiment aidée tout le long de mon chemin à trouver mon bus.

Celui-ci n'a mis qu'à peine un peu plus d'une heure pour arriver à Kushinagar ! Le trajet est donc passé très vite (d'autant plus que j'ai dormi la moitié du temps... et dire qu'avant j'enviais les gens qui arrivent à s'endormir n'importe où !).

Il m'a fallu traverser le village à pied pour gagner le temple tibétain, où on m'a gentiment reçue (à la tibétaine, quoi !) et proposé une belle chambre, super propre, avec une grande salle de bain et un miroir. A 400 roupies, ce qui est un peu cher pour mon budget (pas pour la qualité, au contraire !), mais puisque j'ai économisé une nuit je peux me le permettre.

Comme d'habitude, comme à chaque fois que j'arrive dans mon nouveau chez-moi, j'ai commencé par me doucher (bonheur !) et laver des vêtements (je n'ai jamais autant fait de lessives à la main de ma vie !).

Puis je suis sortie faire un tour. Ici, quel plaisir, il fait bien moins chaud !

J'ai vu des temples et stūpas – birmans, chinois, sri lankais – mais surtout j'ai vu L'endroit.

Bouddha passa toute sa vie à enseigner sa doctrine en divers lieux. Ses disciples se multiplièrent, son savoir se propagea, sa notoriété accrue. Tout le monde voulait le voir et l'écouter.

A 80 ans, Siddhartha se sentant vieux et prêt à mourir, se rendit à Kushinagar. Il fit là son dernier discours. Puis il s'allongea entre deux arbres et s'éteint.

Ses disciples incinérèrent son corps et construisirent des stūpas renfermant ses reliques à l'endroit même où il mourut, à Kushinagar...

... Où actuellement se trouve une statue de Bouddha allongé dans un temple, au milieu du site archéologique, où l'on peut toujours voir les restes des stūpas, dans un immense parc magnifiquement entretenu, invitant à la méditation.

Ce que je ferai maintenant ici, car je crois avoir tout vu.

---

* Vous vous souvenez comme j'avais galéré et échoué à en trouver dans cette même gare ?

J'ai même eu le temps d'aller manger (ça y'est, me revoilà affamée !) dans un café (Tokyo Café) des espèces de boulettes aux légumes frites, très bonnes, accompagnées d'un (mauvais) café.

Je vais peut-être faire quelques courses car en dehors de ce café, je n'ai vu que des bouis-bouis dont je préfère me méfier à présent (snif !). Histoire de pouvoir me faire au moins un petit déjeuner demain, et après-demain dans le train.

Mais avant toute chose, je vais faire une sieste !

16h25   *parc du temple*

Je me suis trompée toute à l'heure en affirmant avoir tout vu de Kushinagar. Je n'avais pas vu le musée.

C'est donc là que je me suis rendue après une longue sieste (de deux heures trente !). Ici pas d'explication en français (et même très peu en anglais), mais toujours des pièces (ustensiles, bijoux, statues, etc.) datant de tous les âges. Très intéressant.

Ensuite je suis retournée au temple, mais je n'ai pas médité car il y avait du monde. Je me suis posée dans le parc. Il faisait très chaud en ce début d'après-midi !

Je suis repartie pour deux missions : faire des courses (accomplie : j'ai du pain de mie, mais hélas toujours pas de beurre de cacahuète) et aller sur le net (échouée : un café (un autre recommandé par Trip Advisor que je n'avais pas vu ce matin) n'a pas le Wifi et les cybercafés indiqués par le patron du café sont introuvables. Tant pis je geekerai demain à la gare de Gorakhpur).

Et me revoici dans le parc ! La température est redevenue clémente. Mon pèlerinage prend fin ici. Je suis contente de l'avoir accompli. J'ai rendu hommage à Bouddha en chaque lieu marquant chaque étape phare de sa vie.

Celles-ci me serviront d'exemples pour le reste de ma vie à moi. Je ne serai sans doute pas un Bouddha dans cette vie, mais j'essayerai d'être la meilleure personne – bouddhiste – possible.

Alors que je médite ses idées, une famille indienne vient m'envahir, me demandant de poser avec elle (on me demande ça au moins trois fois par jour, je suis une star ! J'accepte toujours). Les filles viennent à mes côtés, les pères prennent je-ne-sais-combien de photos, et les petits garçons se mettent devant l'objectif en montrant leurs petites voitures. C'est trop drôle !

Dans combien d'albums de famille (ou murs Facebook) suis-je ?

Vendredi 17 juin   7h25   *même endroit mais de l'autre côté du temple*

Entre deux vagues de fans (lol), j'ai pu m'octroyer quelques minutes de méditation.

Puis ce sont bien les gens qui ont fini par me pousser à partir, quand je commençais à en avoir marre d'être sollicitée !

Ma curiosité m'a poussée à entrer hier soir dans le « Fast Food Center » en face du temple tibétain. J'aurais mieux fait de m'abstenir !

7h40, après un passage aux toilettes du parc envahies de moustiques

Sur la carte du « fast food », des momos ! Mais ils n'en faisaient pas. Ils n'avaient rien qui me faisait vraiment envie... à part un « vegetable burger ». Moi qui – végétarienne – n'ai que rarement l'occasion d'en manger, je me suis laissée tenter. J'aurais dû me douter quand le serveur m'a demandé ce que je voulais d'autre que j'allais me faire avoir. On m'a servi un tout petit burger. A 60 roupies, quelle arnaque ! J'étais dégoûtée. Mais n'ai rien pris d'autre. Tant pis pour moi, je ne prends que ce qu'on veut bien me servir. Si on est dur avec moi (pauvre Calimero !), j'accepte. Mais quand ils m'ont dit que la prochaine fois je pourrai prendre plutôt ceci ou cela j'ai répondu qu'il n'y aurait pas de prochaine fois.

Je suis allée m'acheter des bananes. Au moins ai-je eu un bon dessert.

Ce matin j'ai mangé ma deuxième banane puis... je suis allée courir ! Youpiiiiii ! Au début c'était dur. « Comment vais-je pouvoir courir 80km dans une semaine ? » me suis-je demandé. Puis petit à petit je me suis sentie mieux et me suis rassurée.

Jusqu'à ce qu'une envie d'aller aux toilettes me fasse faire demi-tour. Je n'ai donc couru que durant vingt minutes* ! Mais vingt minutes qui m'ont fait un bien fou ! Je suis ressortie plus tard avec un moral qui n'a jamais été aussi bon depuis plusieurs jours ! En plus j'ai vu en courant un autre stūpa très beau dans un village tout près d'ici.

Pour mon petit déjeuner, que j'ai pris juste avant de venir ici, j'ai donc mangé du pain de mic avec un café (j'avais acheté deux sachets de café instantané à Bodhgaya) que je me suis préparé dans un verre fait en découpant le fond d'une bouteille, et avec de l'eau « froide » (non chaude, plutôt). C'était parfait ! Il en faut vraiment peu, très peu pour être heureux.

---

* De toute façon avec cette chaleur il aurait fallu que je prenne de l'eau pour courir plus longtemps.

Temple marquant la naissance de Siddhartha à Lumbini

Temple marquant le lieu où Siddhartha atteint l'éveil à Bodhgaya

Temple marquant le lieu où Siddhartha donna ses premiers enseignements à Sarnath

Temple marquant le lieu où Siddhartha mourut à Kushinagar

Partie 3

Rencontre avec ma famille tibétaine

Chapitre 10 : Chemin difficile vers ma filleule

La vie ressemble à un conte : ce qui importe, ce n'est pas sa longueur, mais sa valeur.
Sénèque

Samedi 18 juin   2h55   *gare de Gorakhpur, comme toujours !*

Encore et toujours dans la gare de Gorakhpur ! Il faut croire que je l'aime de tout mon cœur.
J'en ris mais j'en ai pleuré.

Hier matin, après avoir quitté le temple (non sans avoir fait ma petite méditation quotidienne), j'ai été prise d'ennui.
Je suis allée à l'Office du Tourisme vérifier que j'avais bien tout vu à Kushinagar. C'était le cas.
A 11h, je suis allée manger des chowmein (nouilles aux légumes) au Yama Café (le café sans Wifi mais avec un patron sympa qui avait essayé de m'aider à trouver un cybercafé), puis j'ai préparé mes affaires et je suis partie.
J'avais dans l'idée d'aller au cinéma à Gorakhpur !
Mais une fois dans celle-ci, après deux heures de trajet à cause d'un fort embouteillage au niveau d'un passage à niveau, je suis d'abord allée à la gare prendre des informations grâce au Wifi.
Puis j'ai pris un tuk-tuk pour le City Mall, un centre commercial très moderne contenant un ciné. Hélas, je n'avais pas le droit d'y entrer avec mon sac ! D'un côté, j'étais presque soulagée car le ticket n'était pas donné (210 roupies, soit 3€). A la place, je suis allée faire du lèche-vitrine. Et c'est là que j'ai vu... un supermarché ! J'adore faire les courses ! Je ne pouvais pas non plus entrer avec mon sac mais il y avait une consigne.
J'ai flâné dans les rayons et j'ai acheté... du beurre de cacahuète ! Yessssss ! Deux euros le pot quand même ! Mais j'ai de quoi améliorer mes casse-croûte et petits déjeuners au pain de mie !
Je suis retournée à pied à la gare.
Le temps est passé vite jusqu'au soir, avec le Wifi.

En allant demander si je pourrai avoir une place dans mon train pour Dehradun, j'étais confiante.
Souvenez-vous, j'avais su au Népal que Tashi Choedon, la Tibétaine que je parraine et pars maintenant voir, n'était pas en vacances chez ses parents à Delhi, mais dans son école à Mussoorie. J'avais donc changé mes plans, effectuant une réservation dans un train pour Dehradun, la gare

la plus proche de Mussoorie. Mais les trains se réservent très tôt en Inde (j'avais réservé tous les autres en France avant de partir). Il n'y avait plus de place et je m'étais mise sur liste d'attente. J'étais 15e sur cette liste. J'avais lu sur Internet qu'en dessous de trente c'était quasi garanti d'avoir sa place, tant il y a d'annulations en Inde.

Mais on m'a alors dit que mon billet n'était pas conforme !
Comment ça, pas conforme ?! Qu'il avait été annulé.
Je n'ai rien annulé !

Je n'y croyais pas. Je ne voulais pas y croire. J'ai encore attendu. Une heure avant le départ (21h15), je suis allée sur le quai. J'ai cherché la liste des passagers qui est affichée juste avant l'arrivée du train. J'y ai cherché mon nom. J'ai regardé la liste deux fois, trois fois. En vain. Même sur la liste d'attente, je n'apparaissais pas !

Le train est arrivé. Je suis quand même allée devant la classe AC3 dans laquelle j'avais réservé. Parfois une liste est aussi affichée à côté de la porte, sur chaque voiture. Là rien.

J'ai pleuré. J'ai cherché du soutien auprès de mon chéri via WhatsApp. J'ai cherché le contrôleur. On m'a aidée. On s'est renseigné pour moi. On m'a expliqué que j'étais – après des annulations – première sur liste d'attente ! Que je ne pouvais pas avoir de place. J'ai pleuré encore. On m'a menée à la billetterie, où un vendeur a essayé de me trouver une place. Mais il n'y en avait plus une seule dans tout le train.

J'ai été sotte. Ou plutôt ignorante. En réservant, j'avais vu que j'étais mieux classée sur la liste d'attente en classe AC3 qu'en classe sleeper. Mais il y a très peu de places en AC3 dans le train (je ne le savais pas). A peine une voiture ! J'aurais eu plus de chance d'avoir une place en étant 30e (peut-être même beaucoup plus) sur liste d'attente en sleeper !

Mais même si c'est la troisième fois que je viens en Inde, je reste novice. Et le système de réservation des trains en Inde est tellement compliqué !

Dépitée, j'avais quand même une solution de secours. A la base (en France, quand je croyais que Tashi Choedon serait chez ses parents), j'avais pris un billet pour Delhi. Je n'avais pas réussi – heureusement ! – à annuler ce billet. Sur celui-ci, je suis aussi sur liste d'attente. Mais 7e, et en classe sleeper.

J'ai quand même demandé si j'avais une place garantie. On m'a dit que oui !

Donc, plan B (ou C ?), je prends mon train pour Delhi demain à 19h20, j'arrive dans la capitale dimanche à midi, et là je prends un bus pour Dehradun.

Le plus embêtant est qu'à Dehradun, je vais faire du couch surfing, chez un monsieur qui a l'air très gentil, avec qui j'ai déjà pas mal correspondu via WhatsApp, et qui avait donc déjà prévu mon arrivée demain.

J'avais cherché du couch surfing car Mussoorie est une ville chère et dont la saison touristique est – contrairement au reste de l'Inde – maintenant ! Les riches Indiens viennent y trouver la fraîcheur (la ville est à 2000m, dans la montagne !).

Dans le meilleur des cas, j'y serai donc dimanche soir, mais peut-être tard. En espérant que j'aurai bien un bus tout de suite à Delhi ! Car les trains de Delhi à Dehradun sont full.

Et si demain je ne peux pas avoir de place dans le train…

Plan D, plan E,… J'espère quand même pouvoir aller à Mussoorie ! Si je ne vois encore pas Tashi Choedon…

Un tas de points de suspension pour beaucoup de suspens.

Et donc me voilà de nouveau en train de squatter la gare de Gorakhpur ! Il va me falloir trouver des activités à faire demain dans la journée… Heureusement que j'ai récupéré un plan de la ville à l'Office du Tourisme de Kushinagar !

J'ai quand même une bonne nouvelle : je crois bien que ça y'est, je ne suis plus du tout malade !

3h40

Le plus embêtant dans toute cette histoire est – finalement – l'attente avant de pouvoir prendre une douche !

9h05 *devant le centre commercial*

Pff. Je m'ennuie. Alors j'écris même si je n'ai rien à raconter.

Vers 4h30 je suis retournée dans la salle de repos normalement réservée aux classes AC. Je me suis allongée sur un banc pour dormir trente minutes.

Puis comme l'autre jour, je me suis pris un café (au lait) et je me suis fait un petit déjeuner dehors. Cette fois avec du beurre de cacahuète !

Ensuite, après un dernier passage aux toilettes où je me suis aussi lavé les dents (la gare devient vraiment mon chez-moi !), je suis partie pour une marche de quarante-cinq minutes. Direction un magnifique temple hindouiste, puis un parc. Sur mon plan, le Nehru parc est marqué du symbole « tourist place ». Mais sur place, les gens n'avaient pas l'air de voir souvent des touristes, vu comme ils me regardaient ! Un monsieur m'a même demandé si j'étais perdue !

Je m'étais attendue à un parc vide, me demandant même s'il serait ouvert. J'ai été étonnée de la foule qui s'y tenait. Il était 6h45 !

Je me suis posée un moment, sans être vraiment tranquille avec tous ces regards posés sur moi.

Mais c'est la pluie qui m'a chassée. Heureusement elle n'a pas duré longtemps. Je me suis abritée dans la rue avant de prendre un tuk-tuk pour le centre commercial. Le chauffeur me demandait 30 roupies, prix que je trouvais correct. Mais quand il m'a déposée et que je lui ai tendu 50, m'attendant à ce qu'il me rende 20, il m'a fait comprendre qu'il voulait un autre billet identique. Cent roupies, il rêve ! Je lui ai laissé les 50 et qu'il soit content.

Ici rien n'est encore ouvert. J'avais une idée pour aller au ciné mais je vais devoir attendre cet après-midi.

Du coup j'attends que le cybercafé en face ouvre (à 10h). Puis j'ai déjà repéré où manger ce midi. Ensuite je tenterai de mettre mon plan à exécution…

12h45   *au cinémaaaaaaa !!!!!*

Tant pis pour le prix.

16h49   *chez moi (à la gare)*

Finalement je suis bien contente de ne pas avoir pu aller au cinéma hier ni mettre mon plan à exécution ce matin. Car à chaque fois je voulais voir un film qui avait l'air bien débile (mais je me disais qu'au moins je ne perdrais rien en compréhension). Cet après-midi il ne passait pas et je me suis rabattue sur un film… qui s'est révélé être génial ! Un très bon film. Je suis trop contente !

Comme prévu j'ai pu aller dans le cybercafé et m'occuper de deux-trois trucs pour le kilomètre vertical que j'organise avec ma sœur cet été (j'avais besoin de documents sur ma clé USB).

Ensuite je suis allée au resto que j'avais repéré sur Trip Advisor. J'ai été bluffée ! Le 10 Park Street est vraiment très beau, avec une jolie décoration et des espaces confortables. Mais les prix, hélas, étaient trop élevés pour moi. Je suis repartie, un peu déçue.

Ne trouvant rien d'autre et prise d'une soudaine envie de remanger un thali au resto « recommanded by the Lonely Planet », j'ai fait l'aller-retour à la gare, revenant au City Mall pile à temps pour la séance de ciné.

J'ai mis mon plan à exécution, qui consistait à me rendre au supermarché, laisser mon sac à la consigne, faire le tour du magasin, sortir,… et aller, libre, au ciné !

Ce matin je ne pouvais pas car le supermarché ouvre à 11h (?!).

La salle de ciné était superbe ! Moderne, avec des fauteuils inclinables super confortables, un écran géant, un son excellent. Et là, bonne surprise, le film a débuté… avec des sous-titres en anglais ! J'ai donc (presque) tout compris !

Ce n'était pas un classique Bollywood, pas même une comédie musicale (mais la musique était excellente). C'était un film sur les problèmes de drogue dans le Pendjab, avec trois histoires qui s'entrelacent. Le titre est Udta Punjab, et je vous le recommande.

Rien que pour l'avoir vu je ne regrette pas cette journée en plus dans cette ville inintéressante de Gorakhpur !

Dimanche 19 juin 8h *Shaheed Express, voiture 56, place 55*

J'ai quitté Gorakhpur ! Me voici en route pour Delhi !

D'une façon très inconfortable, mais au moins j'avance. Lentement, mais j'avance.

Cette fois mon nom était bien inscrit sur la liste des passagers, avec comme numéro de place « 55RC ». On m'a expliqué* que RC voulait dire que je partageais ma place.

J'ai donc partagé ma place… avec au minimum deux personnes, et jusqu'à cinq sur la même couchette, selon les moments ! Je n'ai donc pas pu m'allonger de toute la nuit et n'ai pratiquement pas dormi.

En fait, une foule de gens sont montés dans la même voiture que moi. Je pense que toute la liste d'attente est refourguée ici. Dans la nuit, des personnes dormaient un peu partout par terre. Une mère a même laissé son bébé dormir au milieu du couloir ! J'étais choquée. J'aurais pu, sans faire exprès, lui marcher dessus ! Crazy India!

Après ces deux nuits difficiles d'affilée, je suis exténuée !

Et inquiète aussi, car le train a pris beaucoup de retard. Je me demande si je ne vais pas devoir prendre un bus de nuit pour Dehradun…

On verra.

L'aventure continue !

---

* Heureusement que les Indiens aiment aider, même s'il est difficile de leur faire expliquer ce qu'on veut savoir (on m'a répondu un nombre infini de fois sur quel quai arrivait le train et à quelle heure ; j'en étais exaspérée !).

9h

Dans un train en Inde, vous pouvez passer votre temps à boire des tchaï (j'en suis à deux), car des vendeurs passent sans arrêt dans l'allée avec leur bouilloire à la main et des gobelets dans l'autre. Le tchaï est à 10 roupies seulement.

Vous pouvez aussi goûté les spécialités locales de chaque coin traversé, car à chaque arrêt des vendeurs vous tendent des trucs aux fenêtres ou entrent dans le train. Ici, la spécialité est le puri, des espèces de mini pains tibétains avec lesquels on mange une espèce de purée de légumes épicée, un peu comme la farce des samosas. Très bon mais un peu trop gras.

Lundi 20 juin   7h32   *Dehradun, chez mon hôte*

J'y suis arrivée ! Ouf et hourra !
Cela n'a pas été facile…

Mon train est arrivé à Delhi avec deux heures trente de retard. Après dix-neuf heures de trajet, j'étais dans la capitale.
Je pensais arriver à la gare principale, et de là prendre le métro pour aller à Kashmere Gate où se trouve la gare routière. Mais j'ai débarqué (du train) à Delhi Junction, la gare qui se trouve juste à côté de Kashmere Gate ! Je m'y suis donc rendue à pied en demandant deux-trois fois mon chemin.
Je ne me souvenais pas que la gare routière était si moderne, avec son entrée sécurisée et tous ses guichets. A l'un d'eux où était affichée ma destination, j'ai demandé un bus pour celle-ci. Waouh, je ne comprenais rien de ce qu'on me répondait. Je n'entendais qu'à peine ! Finalement ce n'est pas si moderne, pourquoi n'ont-ils pas de micro ? On m'a envoyée à un autre guichet où on m'a dit qu'il y avait un bus à 18h et on m'a renvoyée au premier guichet où on m'a envoyée à un guichet plus loin où on m'a dit qu'un bus partait à 17h et qu'il fallait prendre le ticket directement dans le bus. Tout ça pour ça.
Sur une télé était affiché un départ à 16h35 au quai n°12. Et là on me dit que le bus part à 16h.
Parfait !
Le gars qui vend les tickets (ce n'est que rarement le chauffeur, souvent ils sont deux) m'a répété au moins trois fois que c'était « no AC », sans clim', comme si j'en avais besoin ! Plus c'est cheap, mieux c'est.

A 16h et quelques, je quittais donc Delhi, une heure à peine après y être arrivée. Tout commençait donc bien.

Nous devions en avoir pour six heures de trajet.

Mais déjà, nous nous sommes arrêtés pour une pause dîner un peu trop longue à mon goût. Je n'ai rien mangé, juste bu un lassi*.

Plus tard, nous nous sommes pris des bouchons monstrueux. Le temps défilait et je m'inquiétais. J'ai envoyé un SMS à mon hôte, qui m'a dit de l'appeler en arrivant. Il m'avait déjà expliqué comment aller chez lui. Mais je n'étais pas pour autant tranquille à l'idée d'arriver si tard.

Le temps passait et j'avais l'impression que jamais je n'arriverais !

J'ai quand même réussi à un peu dormir.

Finalement, nous sommes arrivés à minuit et demi, avec – encore – deux heures trente de retard !

J'ai pris un tuk-tuk qui a appelé mon hôte et a pu se rendre directement chez lui. Mais pour 250 roupies, presque autant que le prix du bus ! A minuit impossible de négocier... Je n'avais pas vraiment le choix.

En arrivant devant la maison, j'ai cru que le chauffeur m'arnaquait, en voyant le nom d'une guesthouse. Mais un monsieur nous a accueilli et c'était bien mon hôte (merci photo WhatsApp).

Il m'a invité à entrer chez lui, très aimable malgré l'heure archi tardive (1h du mat' !), me servant un thé (vert, c'est rare ici !) et des biscuits. Il m'a ensuite menée à ma chambre dans un pavillon indépendant, avec salle de bain privée. Le luxe !

Une douche et un lit, le paradis !

J'ai donc finalement réussi à venir ici !

Et c'est une aubaine d'être à Dehradun et non Mussoorie, car l'école de Tashi Choedon est en réalité à Rajpur, entre les deux villes mais plus près d'ici.

Donc aujourd'hui, nouvelle mission !

20h55

Mission... accomplie !!!!!!

Ah je suis tellement contente !!!! Tellement heureuse ! Ma journée fut excellente !

---

* Hier c'était la journée du risque alimentaire ! Entre les samosas du midi, un espèce de gros samosa feuilleté acheté à la gare routière avant de prendre mon bus, et le lassi qui m'a semblé mixé avec des glaçons sans doute faits à l'eau du robinet, j'avais vraiment envie de retomber malade. Mais tel n'a pas été le cas. Mes défenses immunitaires sont prêtes à tout contrer à présent !

Elle a commencé par un thé au lait sucré (mais sans épice, bof) et des biscuits, ce que mangent les Indiens en se levant.

Car les Indiens prennent leur petit déjeuner plus tard*. Pour moi cette habitude n'est pas pratique. Premièrement parce qu'au lever, je suis affamée. Et deuxièmement parce que j'ai à faire aujourd'hui, je ne veux pas perdre la moitié de ma matinée à attendre mon petit déjeuner !

Mais il m'a été agréable de discuter avec Sharat. Mon hôte est vraiment gentil, intéressant et drôle.

Pour le petit déjeuner, son cuisinier (!) m'a fait une délicieuse omelette et préparé des toasts, avec un café très (très) clair.

A 10h, je suis partie. Sharat m'a expliqué comment prendre un bus pour Tower Clock, le centre-ville, où je pouvais prendre un autre bus pour Rajpur.

Je n'ai pas eu à attendre beaucoup pour avoir le premier bus. Assez vite, il m'a déposé à Tower Clock. J'ai payé… cinq roupies ! Par contre, là, j'étais perdue. J'ai cherché quelqu'un pour me renseigner. J'ai repéré un jeune Indien avec une bonne tête. Il ne m'a pas indiqué où étaient les bus pour Rajpur… il m'y a menée !

Ce ne sont pas réellement des bus qui partent à Rajpur, mais des tuk-tuk-bus, des gros rickshaws pouvant accueillir jusqu'à huit personnes à l'arrière.

Pour rallier Rajpur, à environ 12km, j'ai payé… douze roupies ! Moins de dix fois la somme que j'ai déboursée hier soir pour la moitié de la distance !

Je suis arrivée dans le village sous la pluie. J'ai donc commencé par acheter un parapluie, après avoir vu sur Google Maps (j'ai pu voir ça hors connexion) que l'école est de l'autre côté du village, en haut de la colline (eh oui ça grimpe dans Rajpur !).

J'ai donc marché et… j'ai trouvé l'école ! Mon cœur a commencé à accélérer. Je suis entrée. J'ai expliqué qui j'étais, qui je voulais voir. Les responsables ont été très gentils. Ils ont l'habitude car ici tous les enfants sont parrainés.

J'ai attendu… et Tashi Choedon est apparu !

Alors… zzz zzz**…

---

* Je comprends mieux les biscuits au lever à Sarnath et la question de quand je voulais mon kichdi, qui pour la famille chez qui je logeais constituait donc mon petit déjeuner.

** Trop fatiguée !

Chapitre 11 : Courtes retrouvailles à Delhi

Tout ce que tu feras sera dérisoire, mais il est essentiel que tu le fasses.
Gandhi

Mercredi 22 juin   11h22   *aéroport d'Istanbul*

Tout s'est passé si vite ! Le temps s'est accéléré, je n'ai pas eu le temps d'écrire. A présent j'ai quatre heures devant moi ! Je reprends donc directement où je me suis arrêtée.

Tashi Choedon est arrivée. Elle était sur la réserve, sans doute intimidée. Je l'étais aussi !

Il était midi, elle ne pouvait pas rester avec moi car son cours n'était pas terminé. Mais je pouvais revenir à 13h15 pour passer du temps avec elle.

Je suis donc repartie, dans un état second. J'étais à la fois heureuse, émue et fière d'avoir été jusque là, d'avoir réaliser mon rêve de parrainer une enfant et de la rencontrer.

En montant à l'école, j'avais repéré un café avec « free Wifi » indiqué sur la porte. Je m'y suis donc précipitée, car je n'avais pas donné de nouvelle à mon chéri et à ma maman depuis que je leur avais dit que je n'avais pas pu avoir mon train pour Dehradun.

J'ai pris un grand café que j'ai dégusté lentement. Mais hélas, le Wifi ne fonctionnait d'abord pas, puis l'électricité s'est coupée, puis quand elle est revenue il était déjà 13h10, je devais partir. J'ai franchi la porte le nez sur mon portable, ne voyant pas la vitre, que je me suis prise de plein fouet ! Mes pauvres nez et front l'ont bien sentie. Aïe ! MDR.

De retour à l'école, j'ai attendu Tashi Choedon. Elle est revenue, contente de me voir. Elle avait le droit de sortir avec moi tout l'après-midi.

Ma Tibétaine parle très bien anglais, mais elle parlait trop doucement et pas assez distinctement pour que je comprenne plus de la moitié de ce qu'elle disait.

Elle m'a d'abord menée chez son oncle, qui m'a offert du dhal bhat. Il était très gentil.

Ensuite, Tashi et moi somme allées prendre un tuk-tuk-bus pour nous rendre dans un centre commercial* situé entre Dehradun et Rajpur, où elle était allée un jour avec sa mère et où elle voulait retourner.

---

* Ici à Dehradun, peu de femmes sont habillées à l'indienne. Elles portent toutes pantalons et tee-shirts ou chemises, à l'occidentale.

Nous n'avons fait que du lèche-vitrine. J'aurais voulu lui acheter plein de choses, mais j'avais bien calculé mes besoins jusqu'à mon départ (bus pour Delhi, métro dans Delhi, etc.) et je n'avais pratiquement aucune marge. Je n'ai pu lui offrir qu'un Pepsi, et des chips à Rajpur, où nous sommes du coup assez vite retournées.

Elle m'a montré un pensionnat où elle se rend parfois, puis, de retour à l'école, sa chambre et ses copines.

Tout a été trop chouette ! On a quand même un peu discuté, j'ai pu mieux la connaître, voir à quel point elle est simple, jolie, gentille, studieuse, curieuse, intelligente, souriante et drôle.

Savoir qu'elle deviendrait une femme formidable, qui aura, j'en suis sûre, un bon métier et tout ce qu'elle veut, et que je l'aide pour cela, me donne les larmes aux yeux. Cette rencontre m'a bouleversée, et j'ai été triste quand elle a pris fin.

Car à 17h30 Tashi reprenait l'école (l'après-midi est habituellement consacrée à la sieste, la lecture, puis le sport), et moi j'avais dit à Sharat que je serai de retour à 18h.

Un tuk-tuk-bus m'a menée à Clock Tower. Puis je n'ai pas voulu tenter de trouver le bus pour retourner chez mon hôte. Il me semblait moins difficile d'essayer de rentrer… à pied ! L'autre jour j'ai remarqué que j'ai une boussole dans mon iPhone ! Trop pratique ! Je savais que je devais aller à l'Est. Puis j'ai demandé « Bouddha Chowk » que j'avais vu depuis le bus le matin. Puis boussole à nouveau, puis j'étais trop paumée, j'ai fait une pause pour acheter du pain puis une autre pour entrer dans un resto ayant le Wifi (je suis entrée, j'ai demandé le code Wifi, j'ai regardé la carte du resto, j'ai vu que tout était cher et je n'avais ni faim ni soif, j'ai envoyé des messages à mon chéri et à ma maman et je suis partie !), puis j'ai demandé à des passants « Krishna Medical Center » (que je savais proche de chez Sharat)… et j'ai retrouvé la maison !

Sharat était là et m'a proposé d'aller marcher avec lui. J'ai accepté avec joie. Nous sommes partis en voiture jusqu'à un lieu où beaucoup d'Indiens se baladent, sur une route fermée à la circulation.

La nuit était tombée, il faisait frais et marcher, discuter et rire avec Sharat était parfait pour terminer cette journée parfaite.

Mais nous sommes rentrés tard, et je ne pensais qu'à mon lit. Il fallait encore attendre pour le dîner, que nous avons pris à 22h ! Mais cela valait le coup car la soupe aux légumes et champignons du cuisinier de Sharat était succulente !

Heureusement, je n'avais pas à me lever tôt le lendemain (hier matin), même si je devais retourner à Delhi. Car les bus pour la gare routière ne commencent qu'à 8h.

J'ai donc petit-déjeuné à 8h pour partir dans la foulée, accompagnée par le cuisinier et l'autre personne travaillant pour Sharat, après avoir bien remercié ce dernier (quelle gentillesse à lui d'accueillir aussi luxueusement des pauvres routards comme moi !). J'ai aussi bien remercié mes accompagnateurs. J'adore surtout la femme. Elle sourit tout le temps ! Je n'ai jamais vu quelqu'un sourire autant. Et avec un sourire magnifique ! Cette femme est un rayon de soleil, j'étais triste de la quitter.

Souvenez-vous, j'avais payé 250 roupies pour venir de la gare routière en tuk-tuk. Pour y retourner en bus, j'ai payé… dix roupies ! Vingt-cinq fois moins !

A la gare routière, j'ai cherché le bus le moins cher pour Delhi : AC, nehin* ; delux, nehin ; ordinary, haan** !

Il fallait ensuite choisir parmi les ordinary : celui ressemblant au bus pris à l'aller mais à 100 roupies de plus, nehin ; celui sans même un ventilateur et avec trois places là où il y en a deux dans un bus normal, mais à seulement 257 roupies, haan !

Very inconfortable! Parfait !

En 7h de bus dont une pause durant laquelle je me suis fait des tartines de beurre de cacahuète, nous étions à Delhi.

Direction le métro ! Le beau et moderne métro de Delhi. Deux stations seulement pour Vidhan Shaba, où j'ai pris un tuk-tuk-vélo pour Majnu-Ka-Tilla.

Mon but : retrouver la famille de Tashi Choedon. En 2011, je m'étais rendue au bureau s'occupant du parrainage, où quelqu'un m'avait conduite à la bonne maison. Mais j'avais suivi bêtement sans chercher à mémoriser l'endroit. Impossible pour moi de le retrouver ! Majnu-Ka-Tilla a beau être un petit quartier avec une seule rue principale, les bâtiments sont nombreux, serrés, et se ressemblent tous !

Je n'ai retrouvé que le bureau (car je me rappelais qu'il était en face du temple), qui était fermé (il était presque 18h).

Je n'avais ni adresse, ni numéro de téléphone. Seulement le nom des parents.

J'ai donc cherché dans tout Majnu-Ka-Tilla qui les connaissait, en questionnant tout le monde !

Un Tibétain, très gentil, m'a aidée. Il savait mieux que moi à qui demander, qui connaissait tout le monde dans le quartier. Mais personne ne savait. Quelqu'un nous a conseillé de demander à la personne qui travaille au bureau du parrainage et nous a dit où elle vivait.

---

* « Non » en hindi.
** « Oui » en hindi.

Et alors que nous nous y rendions, soudain, je me suis retrouvée devant le grand-père de Tashi Choedon ! Je l'ai tout de suite reconnu, il n'a pas changé du tout ! Puis la petite sœur de Tashi est apparue. Elle n'avait que 4 ans quand je l'ai vue, elle en a maintenant 8, et pourtant elle n'a pas beaucoup changé. Toujours la même chipie, mais en plus dégourdie. Je lui ai demandé « you recognize me? I'm the sponsor of Tashi Choedon.

— Tashi Choedon is in Mussoorie, a répondu Sonam (la petite sœur) en parfait anglais.

— I know. I saw her ».

Je montre les photos que j'ai prises la veille avec elle. Le regard du grand-père s'éclaire, le sourire de Sonam s'élargit, et elle m'ouvre la porte de sa maison, juste là à côté de nous.

Je n'en reviens pas, je suis trop contente !

Mais je n'entre pas, car mon guide tibétain n'a pas vu que je me suis arrêtée et a continué son chemin. Mais le revoici, qui a fait demi-tour en ne me voyant plus derrière lui. Je lui annonce que je les ai trouvés !

Il rit et entre avec moi chez eux boire un tchaï. La mère de Tashi Choedon est là, avec la tante. Elles m'accueillent avec joie.

Elles m'offrent une assiette de chowmein et des momos. Avec de la viande, mais je n'ose pas refuser, tellement c'est gentil. Tant pis, je mange. Après tout Sa Sainteté le Dalaï-Lama dit que les Bouddhistes ne sont pas forcément végétariens car ils ne peuvent refuser ce qu'on leur offre. Et là c'est tellement de bon cœur ! Je bois aussi le thé tibétain (salé, avec lait et beurre) même si je trouve cela infect !

Je suis trop heureuse d'être avec eux !

Un oncle arrive aussi, qui parle bien anglais et traduit nos discussions.

Cette fois-ci je reste plus longtemps. Car, si à la base mon plan était de partir vers 20h, prendre le métro jusqu'à la gare (d'où part le métro pour l'aéroport), trouver là un café où squatter jusqu'à 22h30, prendre un des derniers métros pour l'aéroport et y rester jusqu'au matin (tout ça pour éviter de payer une guesthouse pour une moitié de nuit + un taxi à 2h30 du mat' pour mon vol à 6h), la famille de Tashi m'a proposé de rester chez elle puis de me payer le taxi. J'ai hésité (ne voulant pas leur faire payer mais ayant peur de ne pas avoir assez pour le payer moi) puis accepté.

Nous sommes allés faire un tour, la mère, la tante, l'oncle, Sonam et moi, dans les ruelles de Majnu-Ka-Tilla. J'ai voulu acheter quelques derniers cadeaux à ramener en France, ayant du coup encore 400 roupies et plus rien à payer, mais à chaque fois ma famille d'accueil a voulu me les offrir. Ils m'ont aussi acheté un sac et une chemise tibétaine.

J'ai alors voulu leur offrir un coup à boire dans un café (avec le Wifi pour envoyer des news), mais là encore ils ont tout payé !

Le Ama Café était super sympa, très confortable, joli, avec plein de choses attirantes à boire et manger. Nous avons pris des gâteaux au chocolat !

En fait depuis hier, je ne fais que manger.

Car même après être rentrée chez eux, après m'être reposée, à minuit, la mère de Tashi a voulu me faire manger des chapatis avec du dhal bhat et du curd ! Impossible de refuser. Elle est si gentille ! Je l'adore. Elle aussi sourit tout le temps.

C'est elle qui m'a réveillée à 2h10, quand pourtant mon réveil sonnait. Elle et l'oncle (avec qui je suis maintenant amie sur Facebook) m'ont accompagnée dans le taxi jusqu'à l'aéroport !

Il était temps de partir, j'étais triste. De quitter l'Inde, mais surtout de quitter ma famille tibétaine. J'ai hâte de retourner les voir !!!!!!

J'étais pile trois heures avant mon vol à l'aéroport. L'enregistrement a pris un peu de temps (longue queue), mais après l'immigration et le contrôle, j'avais encore un peu de temps… et surtout 402 roupies à dépenser ! Le temps de tout voir, d'hésiter, de prendre de l'huile essentielle de lavande (j'avais l'intention d'en acheter, en France) à 350 roupies puis un thé à 45 roupies (ah non, 53 avec les taxes, zut il me manque 1 roupie, mais heureusement le gars du McDo (!!!) m'en fait cadeau) et voilà je n'ai plus rien et l'embarquement a déjà commencé !

Nous avons décollé à l'heure, et, dans l'avion, j'ai passé le temps en regardant deux supers films : un indien, Cocktail, vraiment chouette, et un anglais, se déroulant en France, avec comme principaux protagonistes une famille indienne, super génial !

Et à présent me voici en transit et en overdose de loukoums !

Bientôt… Chamonix ! Et mon chéri !

Non mais attendez.

Je rêve où j'ai pris de l'huile essentielle de *lavande*, cette fleur du sud de la France où je vis ?! Je n'ai pas pu trouver plus typique ?! Je m'en donnerais des claques.

Cartes
*Trekking de Lukla au camp de base de l'Everest**

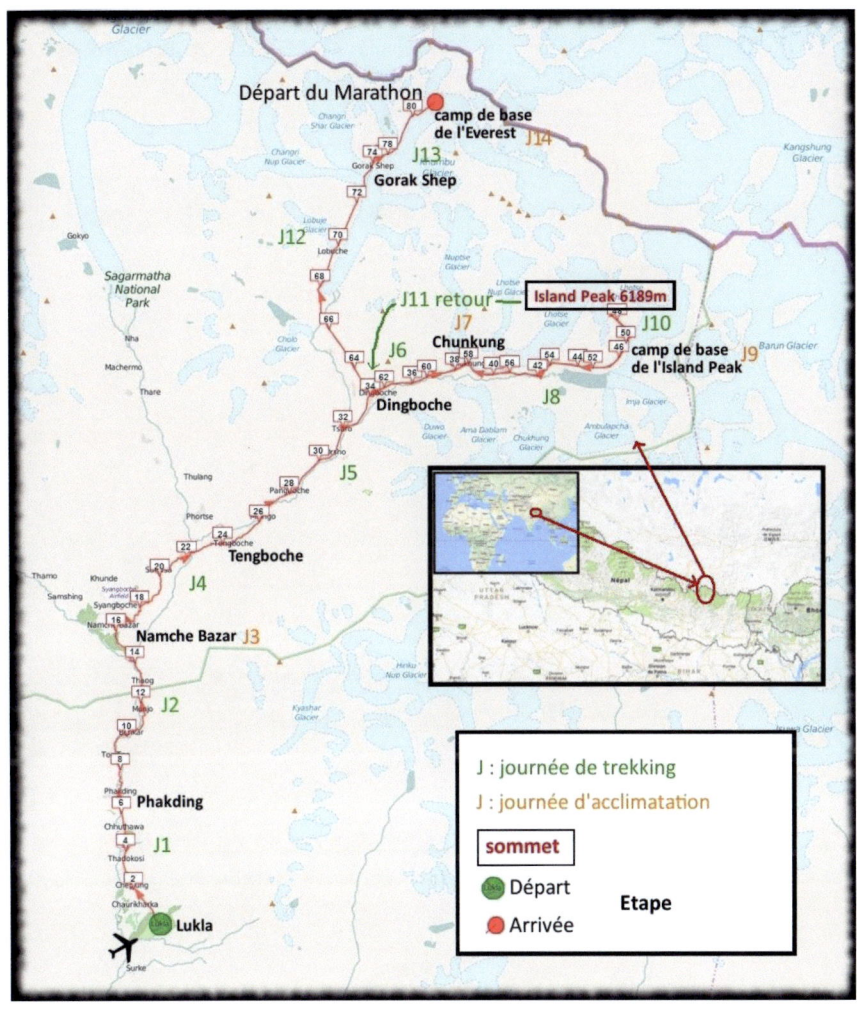

---

* Parcours tel qu'il aurait dû être. En réalité J10 a été la première tentative de l'Island Peak suivie d'une nuit de plus au camp, et J11 la deuxième tentative réussie + le retour à Dingboche. Et l'étape Gorak Shep s'est finalement faite à Lobuche.

Parcours du Marathon de l'Everest

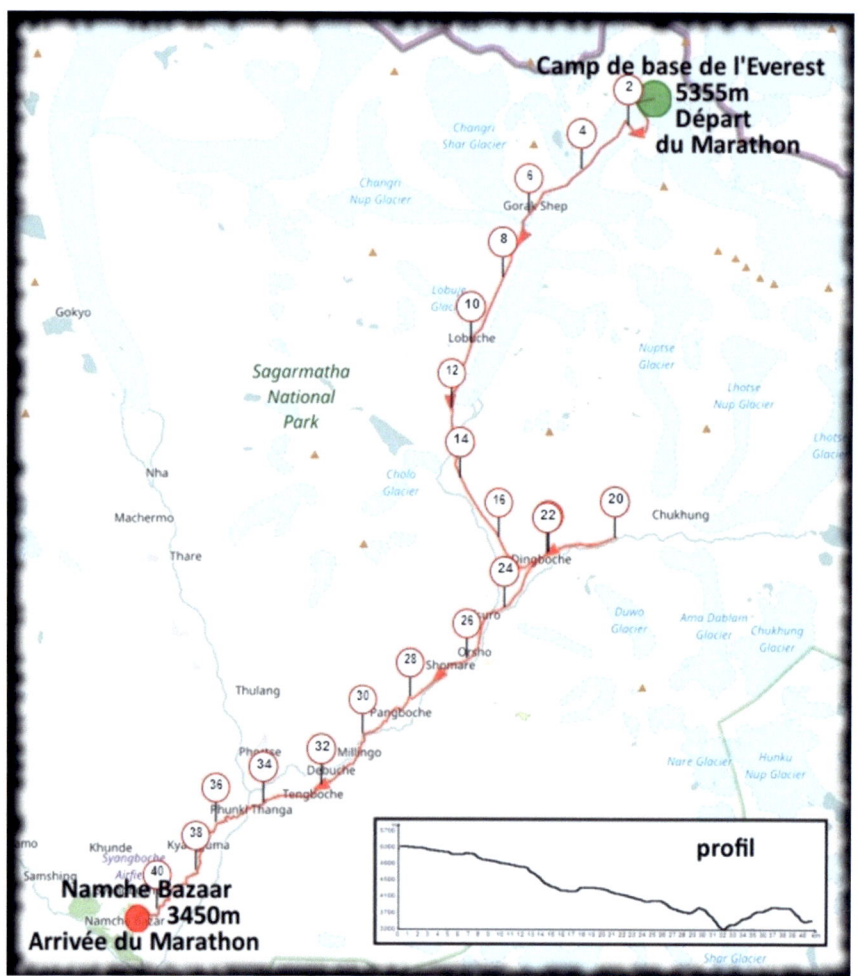

42km
915m de dénivelée positive
2607m de dénivelée négative

Pèlerinage et suite du périple en Inde

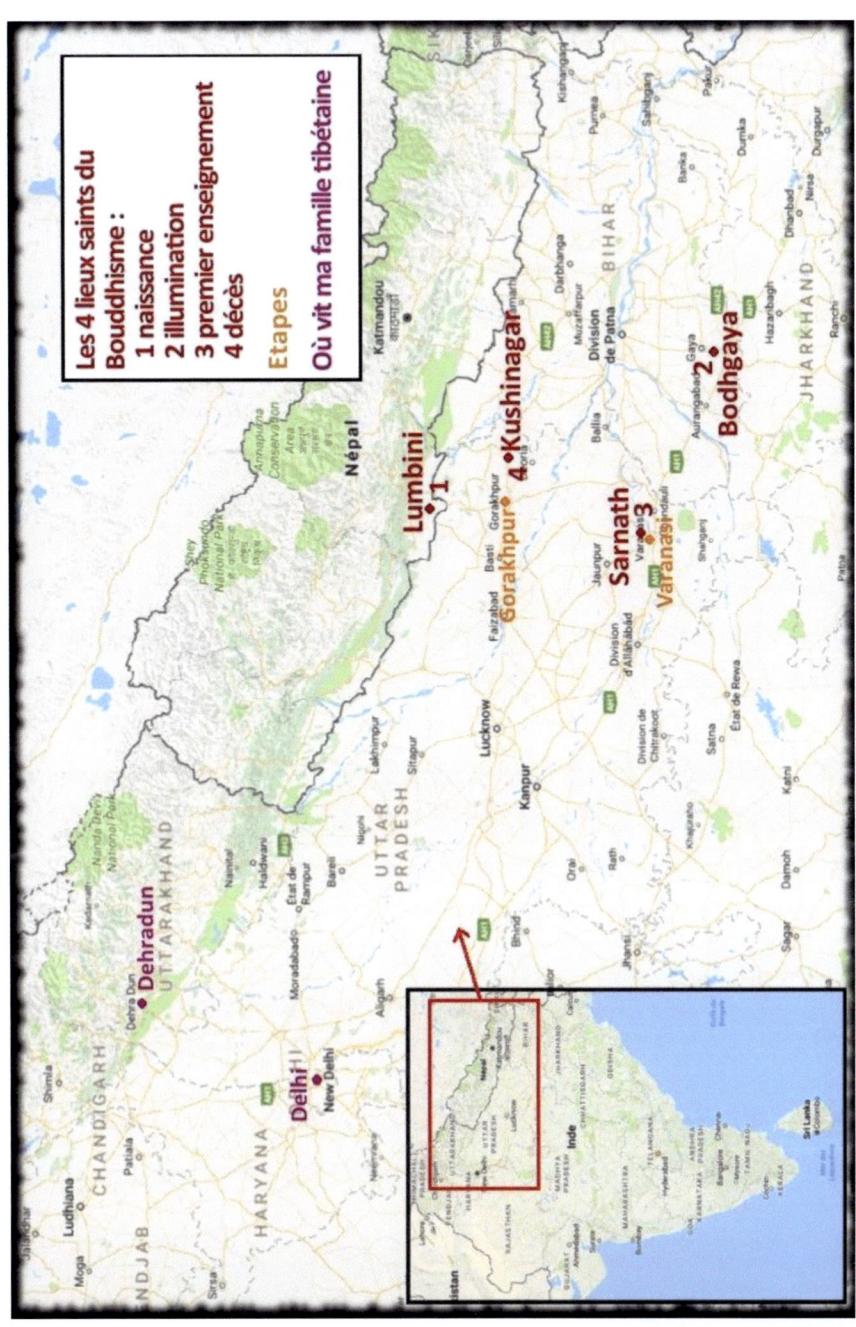

Epilogue
En attendant d'y retourner

Un voyage se passe de motifs. Il ne tarde pas à prouver qu'il se suffit à lui-même.
Nicolas Bouvier

Lundi 5 décembre 13h45 *France, Alpes Maritimes, Golfe-Juan, mon appartement rempli de cartons*

« A bientôt Katmandou », disais-je donc en quittant la capitale de mon pays préféré, dans le bus qui me menait à Lumbini, sur les traces de la vie de Bouddha Sakyamuni.

Car j'ai encore eu, à ce moment*, une idée terrible.

Et si je participais à nouveau au Marathon de l'Everest ?! Dans deux ans, trois ans,... dès que je pourrai. Mais cette fois, mon idée est de partir à Katmandou, loger à Bodnath (Dragon Guesthouse pourquoi pas, j'ai bien aimé), prendre un vol pour Lukla, et faire un trekking seule.

Enfin pas seule. Avec mon chéri, ce serait trop top. Et un guide sherpa, bien sûr. Et des porteurs, ce serait pas mal.

Nous resterions une nuit à Lukla (car j'adore Lukla, et nous pourrions courir l'après-midi dans les environs du village), partirions le lendemain pour Namche Bazaar, resterions un jour à Namche, et irions dans la vallée de Thame, pour rejoindre le camp de base de l'Everest via le col de Renjo La (5340 m), Gokyo (Gokyo Ri !), le col de Cho La (5420m) et Gorak Shep (Kala Patthar !). Tout ça à notre rythme, et avec des entraînements course à pied. Ensuite, le marathon, un ou plusieurs jours à Namche le temps de recevoir nos affaires (leur transport est compris dans l'option « join at base camp » proposée par l'organisation du marathon), et retour à Lukla.

Ou alors, je retourne au Népal (avec mon chéri toujours) pour faire le Cho Oyu !

Dans tous les cas, il me *faudra* retourner ensuite à Delhi, de préférence quand Tashi Choedon y est (si on y va juste après le marathon de l'Everest, ce devrait être le cas), ou alors à Delhi puis Mussoorie (cette fois

---

* En 10h10 de bus, j'ai eu le temps de cogiter.

vraiment dans la station de montagne qui doit être sympa). Tashi Choedon et sa famille me manquent ! J'aimerais trop passer une semaine entière à Majnu-Ka-Tilla (dans une guesthouse cette fois), pour profiter du quartier tibétain, passer du temps avec ma famille tibétaine, et faire visiter la capitale de l'Inde à mon chéri.

    La seule question est : quand ?
    Quand ? Quand ? Quand ?! J'ai une telle hâte !

Mais chaque chose en son temps. La prochaine étape est de déménager. Mon chéri et moi avons trouvé un appartement à Roquebillière. Dans moins de deux semaines nous y serons, tous les trois (avec mon chat adoré). Bye, bye, la mer* ! A nous la montagne !
    Que d'aventures encore !
    L'été n'a lui-même pas été de tout repos.

A Chamonix, j'ai quitté la chaleur de l'Inde pour… euh, non, justement. A Cham' il faisait chaud ! Au moins 30°C, et ce depuis… mon arrivée, à croire que j'ai amené la chaleur de l'Inde avec moi.
    Du coup, les 80km du Mont-Blanc** ont été un calvaire. Ce d'autant plus que j'étais vraiment fatiguée, trente heures après mon atterrissage, après mes quarante-cinq heures de trajet (train+bus+vol) en cinq jours ! J'ai abandonné à la moitié. Mais cela n'avait aucune importance. J'ai été trop heureuse de retrouver mon chéri (de faire cette moitié avec lui puis de l'encourager sur l'autre ; et d'avant cela le retrouver dans Chamonix, après mon dernier bus depuis l'aéroport de Genève), mes parents (venus nous suivre sur les 80km) et mon club de trail, avec qui nous avons bien profité de notre séjour plus festif que sportif à Cham' !
    Ce séjour a permis de faire une transition en douce vers la France et de ne pas reprendre directement la routine à la maison.
    Quoique ma vie ne soit pas vraiment faite de routine. Durant l'été, il y a eu l'organisation de notre kilomètre vertical à Bourg-Saint-Maurice, qui s'est super bien passé (même si cela a été beaucoup de travail et de stress), il y a eu d'autres courses (toutes difficiles car la fatigue ne m'a quittée qu'avec le départ de la chaleur, à l'automne ! Mais j'ai quand même fait podium sur trois challenges***), et il y a eu l'Ultra-Trail du Mont-Blanc**, que j'ai terminé… en 40h24 !

---

* Je la verrai quand même presque tous les jours, à Nice ! Quelle chance j'ai !
** Voir dernière page du livre.
*** 3e du Challenge de la Vésubie, 2e du Challenge de la Roya Bevera et 1ère du Challenge Découverte des Alpes Maritimes.

Il y a eu la recherche d'un appartement à Roquebillière.

Il y a eu un court séjour en Bretagne, il y en a eu plusieurs en Savoie.

Il y a eu du boulot, un peu, quand même. D'ailleurs maintenant je reçois plus de monde à mon cabinet, ce qui m'enchante (j'adore mon travail !).

Bref, ma vie est une aventure !

Mais les plus belles se déroulent au loin.

Le Népal ne sera pas pour l'an prochain. Un autre séjour avec le club est au programme de 2017 (à Morzine), de même qu'un voyage plus proche, en Corse (je n'y suis jamais allée !).

Le prochain grand départ sera sans doute pour 2018. Rien n'est encore décidé, bien sûr. Mais ne vous en faites pas, quoi qu'il y aura, vous le saurez* ;)

---

* La musique de *Pirates des Caraïbes* irait trop bien avec cette fin !

Table des matières

Prologue : C'est reparti pour l'aventure !............ page 7

Partie 1 : **Challenges pour une association**......... page 11
   Photo : au sommet de l'Island Peak (6189m)
      Chapitre 1 : Retour à Katmandou............... page 13
      Chapitre 2 : Ma vallée du bout du monde........ page 25
      Chapitre 3 : Un sommet dur à atteindre......... page 37
      Chapitre 4 : L'expédition franco-népalaise....... page 49
      Chapitre 5 : Courir sous le toit du monde........ page 61

Partie 2 : **Pèlerinage bouddhiste**................... page 73
   Photo : sous l'arbre de la Bodhi
      Chapitre 6 : Où naquit Siddhartha .... page 75
      Chapitre 7 : Où Sakyamuni atteint l'éveil........ page 85
      Chapitre 8 : Où Bouddha enseigna pour la 1e fois. Page 95
      Chapitre 9 : Où mourut Gautama .... page 107

Partie 3 : **Rencontre avec ma famille tibétaine**..... page 113
   Photo : avec Tashi, sa sœur et sa maman
      Chapitre 10 : Chemin difficile vers ma filleule ... page 115
      Chapitre 11 : Courtes retrouvailles à Delhi....... page 123

Cartes :
   Trekking de Lukla au camp de base de l'Everest.... page 129
   Parcours du Marathon de l'Everest .... page 130
   Pèlerinage et suite du périple en Inde............. page 131

Epilogue : En attendant d'y retourner................. page 133

Retrouvez le récit des mes plus importants trails (l'Ultra-Trail Côte d'Azur Mercantour 2015, les 80km du Mont-Blanc 2016, l'Ultra-Trail du Mont-Blanc 2016,...) sur mon site https://ainalaventuriere.wordpress.com (rubrique « Encore plus »).

Vous pouvez découvrir de nombreuses photos de mon séjour au Népal puis en Inde sur la page Facebook dédiée à mon aventure : https://www.facebook.com/everestmarathonelodie/

Et si vous n'avez pas suivi la préparation de cette aventure, n'hésitez pas à aller voir le blog qui lui est dédié, sur lequel se trouve notamment la liste de mes sponsoriseurs et de mes sponsors : https://everestmarathonelodie.wordpress.com Encore merci à eux !

Enfin, n'hésitez pas à aller découvrir les actions de l'association que j'ai décidé d'aider, Assistance Médicale Toit du Monde : http://amtm.org